GESTÃO DESCONTRAÍDA, MAS PROFISSIONAL

COMO RESPONDER RAPIDAMENTE
AOS DESAFIOS DO NEGÓCIO

RICARDO PARREIRA

Título original:
Gestão descontraída, mas profissional

AUTOR
Ricardo Parreira

CONJUNTURA ACTUAL EDITORA
Sede: Rua Fernandes Tomás, 76-80, 3000-167 Coimbra
Delegação: LEAP CENTER – Espaço Amoreiras
Rua D. João V, n.º 24, 1.03
1250-091 Lisboa – Portugal
e-mail: editoras@grupoalmedina.net

CAPA
Paper Talk

PAGINAÇÃO
João Jegundo

IMPRESSÃO E ACABAMENTO:
Papelmunde
Janeiro, 2020

DEPÓSITO LEGAL
466592/20

Biblioteca Nacional de Portugal – Catalogação na Publicação

PARREIRA, Ricardo

Gestão descontraída, mas profissional. – (Fora de coleção)
ISBN 978-989-694-503-9

CDU 005

GESTÃO

COMO RESPONDER RAPIDAMENTE
AOS DESAFIOS DO NEGÓCIO

DESCONTRAÍDA,

RICARDO PARREIRA

MAS PROFISSIONAL

ACTUAL

ÍNDICE

PARTE III
COMO GERIR MELHOR A EMPRESA

INTRODUÇÃO

A natureza da gestão encontra-se para além dos livros e teorias da organização e da administração de empresas. Gerir é acima de tudo uma *experiência* prática que pode ser adquirida por duas vias: pelo erro ou pela partilha.

A primeira destas vias foi a que percorri em grande parte dos trinta anos de gestão que construíram a minha carreira – até ao momento em que escrevi este livro. Aprendi, em grande parte, com a aplicação prática das ideias que tinha, que lia e que estudava. Umas funcionavam, outras nem por isso. Este foi um caminho longo e que poderia ter percorrido mais rapidamente se tivesse aprendido mais cedo o que aqui partilho.

Este é um livro sobre a segunda maneira de aprender verdadeiramente gestão. É um livro sobre a partilha da minha experiência enquanto CEO de uma empresa que começou como um sonho de faculdade, numa altura em que o empreendedorismo era uma miragem em Portugal, e que cresceu ao ponto de hoje ser uma multinacional de 200 pessoas, com clientes em mais de 25 países, mais de 33 mil clientes e seis escritórios espalhados por três continentes.

É por isso que este não é *mais um livro* sobre gestão de empresas.

É um livro sobre a *masterclass* que gostava de ter tido na faculdade, mas não tive.

É a minha *masterclass* de trinta anos à frente de uma empresa.

Não é mais do que um livro escrito por mim, sobre as minhas estratégias como CEO e sobre a PHC Software. Nele partilho o que aprendi e espero que outros aproveitem para encurtar o longo caminho da aprendizagem da gestão na prática.

Dito isto assim, vejo que devia ter escrito que este é um livro sobre a minha própria gestão, a gestão dos colaboradores da PHC e a gestão da PHC, mas numa perspetiva de genuína humildade intelectual e de partilha.

A aprendizagem desde os primeiros programas que desenvolvi num *ZX Spectrum* para comprar e vender ações nos anos da euforia da bolsa até à fundação da PHC em 1989. Uma aprendizagem intensa e altamente frutuosa que poderá agora ser avaliada e ponderada por outras pessoas que se encontrem em idênticas circunstâncias.

Partilho com idêntico entusiasmo e honestidade os sucessos e os erros que me trouxeram até aos dias de hoje, porque estou absolutamente convicto de que tudo teria sido mais fácil se tivesse aprendido e aplicado mais cedo algumas das sugestões sobre as quais agora escrevo.

Escrevo a pensar noutros gestores, empresários, empreendedores e em quem deseja melhor gerir a sua vida, ajudar as pessoas da sua organização a fazê-lo e a liderar a sua própria organização à altura dos desafios da modernidade.

É um livro sobre pessoas que trabalham em contextos organizacionais de alta exigência e competitividade, pessoas que exigem de si e dos outros, comportamentos de alta *performance*, pessoas que estão focadas nos resultados de excelência, sem nunca perder em vista o essencial: a felicidade pessoal e coletiva.

A gestão é também uma atitude para a felicidade e estou absolutamente convicto da sua importância decisiva na vida das pessoas.

É disso que este livro trata.

Sim, é verdadeiramente um livro de gestão que *não é* um livro sobre gestão.

*

Optei por estruturar o livro sobre a forma como penso que a gestão deve ser trabalhada: do eu, ao eles e ao nós. Uma sequência adotada por distintas multinacionais e que me faz todo o sentido.

Primeiro um gestor tem que saber como se pode autogerir da melhor forma e ter as ferramentas necessárias para conseguir o melhor discernimento na tomada de decisão e no equilíbrio dentro e fora do contexto de trabalho. Depois, e porque a gestão é um jogo coletivo, tem de saber como fazer a gestão das outras pessoas. E, por fim, tem de conseguir construir, manter e crescer a organização onde todos trabalham para alcançar a felicidade e o sucesso.

Mas antes desta divisão, revelo quem sou e falo sobre o meu percurso. Desde a importância da descoberta dos computadores na minha adolescência, aos meus primeiros trabalhos na juventude, passando, claro, pelo início da carreira académica que haveria de me conduzir para o feliz caminho da fundação da PHC.

É um caminho marcado pelo sacrifício e pelo intenso trabalho, mas sem nunca perder de vista o essencial: o foco para cumprir objetivos profissionais e um propósito de vida baseado na procura da felicidade.

É, também por isso, um caminho de paixão.

Compreendo melhor agora que muitas destas sugestões que aqui partilho com gestores, empresários, empreendedores e público em geral, podiam ter-me conduzido mais depressa para o sucesso da PHC, contudo, desconhecia muitas das ferramentas de gestão e , noutros casos, demorei a implementar porque me faltavam evidências de que resultariam.

Começo literalmente pela primeira peça da gestão: como aprendi a gerir-me melhor.

Para sermos bons gestores, temos que começar por nos gerirmos melhor, compreender claramente os nossos pontos fortes e fracos e construir hábitos e atitudes de alta *performance*.

Hoje, consigo claramente identificar as enormes potencialidades do foco, não apenas como fator de sucesso, mas também como um motor de felicidade. É assim que o vejo: um motor oculto da felicidade. É por isso que na PHC desenvolvemos várias iniciativas para que todos os seus colaboradores possam melhorar as suas atitudes para a felicidade.

É com esta paixão pela aprendizagem e pela procura de felicidade que a PHC assume também a paixão pelo cliente como um princípio sagrado da sua cultura interna.

Acredito que algumas destas reflexões, e também das inconfidências, poderão ser úteis para os gestores que já definiram ou procuram ainda definir o seu propósito de vida, e de enorme relevância para o sucesso das suas organizações.

*

A segunda parte aborda os temas relacionados com a liderança de pessoas precisamente porque as pessoas são a alma de todos os negócios.

Ao longo do tempo, encontrei muitos tipos de pessoas e percebi que é realmente necessário ter uma boa capacidade de comunicação, técnicas específicas para as liderar bem e, ao mesmo tempo, saber encontrar novos mecanismos para as ajudar a encontrar a sua felicidade.

Os leitores poderão encontrar nestes capítulos as várias estratégias que tenho desenvolvido na PHC para conseguir que os colaboradores se sintam altamente motivados para dar o seu melhor.

*

Organizei a terceira parte deste livro com base na ideia de que sendo a gestão de mim próprio e das pessoas crucial, nada resultará sem uma ótima organização e condições concretas que favoreçam o sucesso de todos.

Nestes capítulos, apresento algumas das estratégias que segui para colocar a PHC a bater recordes de vendas e a ganhar prémios de excelência na gestão.

Lamento ter implementado tardiamente algumas destas medidas... Mas explico porquê. Para que outros possam acertar mais rapidamente. Porque acredito na aprendizagem partilhada.

Tento descrevê-las o mais claramente possível para que o leitor as possa avaliar e, se se adaptarem à sua realidade, tenha a oportunidade de as implementar.

São ideias focadas num objetivo que, diria, é central na minha visão como gestor e como líder: contribuir decisivamente para a consagração de uma empresa digna da designação ***BEST EXPERIENCE AT WORK***.

É para isso que continuamos a trabalhar na PHC: uma empresa portuguesa que comemorou 30 anos de atividade contínua em junho de 2019, uma faturação superior a 11,5 milhões de euros, mais de 200 colaboradores em Portugal e no mundo, mais de 33 mil empresas clientes no mundo inteiro, mais de 140 mil utilizadores.

Oeiras, novembro de 2019

ANTES DE COMEÇAR: O CÉU É O LIMITE

O superpoder dos gestores otimistas

«Realistic optimists believe they will succeed, but also believe they have to make success happen – through things like effort, careful planning, persistence, and choosing the right strategies.»
HEIDI GRANT HALVORSON

Tenho de começar com uma confissão: estou longe de ser o maior fã do ator Michael Douglas, mas o filme havia sido realizado pelo Oliver Stone e o Oliver Stone era o realizador do *Platoon*. Esse motivo seria por si só suficiente para procurar uma sala de cinema e ver um filme que, afinal, haveria de deixar em mim uma certa marca agridoce. Talvez tudo tenha começado com a imagem do poderoso corretor de bolsa Gordon Gekko a passear tranquilamente de roupão pela sua praia privada, esperando o nascer do sol, falando devagar no seu telefone igualmente privado.

É esta cena madrugadora que apresenta a frase «o dinheiro nunca dorme» em todo o seu esplendor, mas esperem: um telefone sem fios? um telefone numa praia? em 1987?

Não estou inteiramente seguro, mas julgo que se tratava de um Motorola, um pequeno "tijolo", pesado e feio, mas um tijolo absolutamente fabuloso por tudo aquilo que representava em termos de vanguarda tecnológica. Era o anúncio de todo um mundo novo que estava a ser criado. A tecnologia estava a criá-lo todos os dias, todos os minutos, um mundo novo cheio de mudanças e as mudanças trazem sempre consigo novos comportamentos sociais. O nascer do *homem tecnológico*.

Eu era bastante jovem e sentia-me parte dessa nova vaga de prosperidade financeira e desenvolvimento tecnológico.

Eu queria fazer parte do futuro que estava a chegar.

Sim, ouvir os primeiros acordes de *Fly me to the moon* naquela sala de cinema deve ter contribuído para romantizar os ambientes de euforia financeira onde desfilavam todas aquelas personagens masculinas, todas aquelas personagens com muito poder e muito mais dinheiro. Sem gostar do Michael Douglas, deixei-me apaixonar pelo *Wall Street – Money Never Sleeps*, e quando escrevo que deixei-me apaixonar por este filme, agora que já disse o nome, o que quero dizer é que ainda hoje tenho bem vivos os versos de Frank Sinatra a embalar todo aquele frenesim de bolsa de Nova Iorque, todo aquele dinheiro fácil, todo aquele *glamour* tão anos 80.

A verdade é que eu podia ser um deles.

Eu sentia-me um deles.

Era fácil ganhar dinheiro em Nova Iorque. Tornara-se fácil ganhar dinheiro em Lisboa. Eu sabia disso e tinha apenas 21 anos. Sinatra estava certo. Também eu queria voar para a lua e brincar entre as estrelas. Sentia-me genuinamente fascinado.

Estava a começar o curso de Administração e Gestão de Empresas na Universidade Católica Portuguesa, que começara em 1984 com a frequência do chamado ano zero, e ganhava dinheiro como na altura nunca pensei que pudesse ser ganho. Muito menos aos 21 anos. Estou basicamente a falar em ganhar dinheiro *prevendo* futuro sem bolas de cristal nem adivinhação com búzios. Se trabalhasse muito, acima de tudo, se *trabalhasse bem*, se inovasse, se utilizasse a tecnologia para processar dados e produzir boa informação, sim, podia antecipar o futuro e antecipar o futuro queria dizer ganhar muito dinheiro com as flutuações da bolsa.

Eu conseguia *prever* aquilo que era incerto.

Talvez importe agora dizer como é que um estudante de gestão, que pagava a propina com imensa dificuldade e que dedicava uma parte generosa do seu tempo de estudo aos jogos de cartas no bar da Universidade Católica, conseguiu criar e gerir um fundo financeiro que chegou a movimentar 10 mil contos[1] (metade eram fundos próprios) na aquisição e venda de ações na Bolsa de Valores de Lisboa.

A paixão imensa pela programação informática quando a vaga tecnológica estava ainda a ganhar forma explicará alguma coisa deste sucesso, mas não explica tudo. Também tive sorte. Já lá iremos, porque antes da sorte, vem o trabalho. A sorte dá muito trabalho.

---

[1] Cerca de 50 mil euros.

Comecei por testar exaustivamente os generosos 48 *kbytes* da memória do meu *ZX Spectrum* para fazer um programa informático que me permitia simular que estava a *jogar* na bolsa, fingir comprar e vender ações, ou seja, prever o futuro. Resultava, porque todos os dias descia à tabacaria do meu prédio para verificar as cotações e os meus ganhos diários se eu tivesse investido.

Fiquei *rico*, estaria imensamente *rico*, mas eu não investia e tudo não passava de um programa que gerava riqueza virtual.

Se eu quisesse ganhar dinheiro a sério, teria de lançar os dados a sério, mas com o dinheiro contado para as propinas e (ainda) sem um trabalho remunerado, pouco mais podia fazer do que imaginar como seria a vida de todos os Michael Douglas que na altura enriqueciam em Nova Iorque, e também em Lisboa, já agora.

É aqui que entra a sorte.

Eu ganhara como presente do meu tio José Nóbrega de Lima um computador pelos meus 16 anos e tinha feito um curso de programação com a prenda de anos da minha avó Gerd. A meio de um daqueles jogos de cartas na universidade, um estudante de engenharia que eu conhecera por acaso, ficou entusiasmado com o programa informático e sugeriu que investíssemos a sério. Esse estudante chamava-se Miguel Capelão e viria a ser um dos cofundadores da PHC.

Mas, investir a sério?

Eu, que de vez em quando lá ia à secretaria da universidade pedir um adiamento do prazo para pagar a propina.

Eu, que tinha um *Mini* de 1970 oferecido pela minha tia, mas que estava sempre parado por falta de dinheiro para a gasolina.

Como é que eu podia investir dinheiro?

A vida financeira do Miguel Capelão era menos apertada do que a minha e permitia-lhe pensar num investimento desta grandeza, mas a minha situação era um pouco diferente. Um jovem que em esforço mal conseguia o dinheiro para chegar ao final do mês e conseguir pagar a faculdade, podia, por isso mesmo, ter baixado os braços e ficado por ali. Podia ter ficado ali pelos jogos de cartas e pelo *Spectrum*.

Não fiquei.

Escrevi com uma letra bem alinhada uma carta ao meu tio Brian Knight, que vivia em Londres com a minha tia Karen, e pedi-lhe um empréstimo: 50 contos[2]. Não tinha dinheiro nem trabalho, mas precisava de um empréstimo para começar o inovador negócio financeiro[3]. Se houvesse *e-mail*, a resposta teria sido mais rápida, mas assim não esqueço a emoção de abrir a caixa de correio e ler as palavras do tio Brian: emprestava-me o dinheiro e apenas com uma condição: teria de enviar-lhe regularmente relatórios escritos em inglês sobre a situação financeira.

Chegara o momento do verdadeiro teste aos 48 *kbytes* do *Spectrum*.

Começámos a comprar ações, a vender ações, a ganhar dinheiro, a dar dicas e conselhos de gestão financeira aos amigos e familiares, e começámos a ganhar cada vez mais dinheiro. Dinheiro verdadeiro. A Bolsa de Lisboa estava frenética e eu deixei de dormir várias noites, por exemplo, para estar à porta da Mundicenter para comprar ações, no âmbito de uma Oferta Pública de Venda (OPV). Era assim que fazíamos os registos, presencialmente. Mas valia a pena pelo dinheiro que depois ganhávamos.

Michael Douglas estava carregado de razão: o dinheiro nunca dorme.

Comecei a dar cada vez mais conselhos para a compra de ações nos jantares em família, aconselhava os vizinhos à sua venda quando descia o prédio para ir para a aulas e cheguei a ser interpelado pelos amigos no areal da praia para saberem como investir o seu dinheiro.

O dinheiro não dormia. Eu, dormia cada vez menos.

Devo ter levado o *Spectrum* ao limite com a criação de folhas de cálculo para cada uma dessas pessoas que, entretanto, me tinham entregado dinheiro para eu investir em seu nome. Eu aceitava com uma condição: tinha de ser dinheiro que estivessem dispostos a perder. Aprendi mais tarde uma sábia lição: ninguém está disposto a perder o seu dinheiro, muito menos o dinheiro *de que não precisam*. Esse dinheiro não existe. Mas na altura, toda a gente ganhava dinheiro na Bolsa. Estávamos dentro de uma enorme bolha financeira em Portugal e eramos agora dignos protagonistas do *Wall Street – Money Never Sleeps*. Lembro-me agora, revendo o filme, que na altura deve ter-me escapado o significado desta frase: «Estás em maré de sorte, goza-a, goza-a enquanto dura».

---

[2] Cerca de 250 euros.

[3] Hoje, chamar-se-ia a todo este processo uma dinâmica de criação de uma *startup* com capital de risco.

Percebi tarde. Percebi demasiado tarde. Percebi em outubro de 1987 quando o primeiro-ministro Cavaco Silva apareceu na minha televisão a dizer «a Bolsa de Lisboa está a vender gato por lebre».

Percebi que a bolha ia rebentar. Rebentar como uma explosão estelar.

Dormi mal nessa noite, e eu sempre dormi bem.

No dia seguinte tentei vender algumas ações, mas todos os outros investidores também queriam vender as suas, e quando todos querem a mesma coisa significa que a oferta é muito maior que a procura e ninguém consegue vender nada. Eu tinha estudado a grande crise de 1929 e percebia o tsunami que se estava a avolumar diante dos meus olhos. As coisas foram piorando cada vez mais e este pesadelo durou várias semanas. Consegui vender apenas 3 ações da Celulose do Caima e o tsunami caiu então com todo o seu peso em cima de nós. Vendi cada ação por 167 contos[4] e foi com 500 contos[5] que fiquei quando o tsunami começou a passar. Contas feitas, sobraram-me apenas 500 contos.

Já não era Sinatra quem cantava agora dentro da minha cabeça, mas uma frase aguçada disparada em *loop* no filme *Alguém tem de pagar*.

Eu paguei. E fiquei reduzido aos 500 contos e mais um escudo.

Não disse antes para dizer aqui: durante os tempos de euforia bolsista comprei um *Fiat Uno*. Tempos bons, de aprendizagem, e olhando para trás, penso agora que devia ter guardado simbolicamente aquele escudo solitário. Aprendi imenso com esse escudo porque foram essas lições que me trouxeram até hoje. Falarei mais tarde da PHC, mas quero reforçar de que se trata de uma empresa portuguesa que começou como uma *startup* e hoje é uma multinacional em crescimento.

Já disse que não gosto particularmente de Michael Douglas, mas ele deve ter feito muitas coisas fantásticas porque haveria de ganhar um óscar com *Wall Street – Money Never Sleeps*. Eu tive a minha grande lição, que passo a todos os jovens gestores, aprendi que o dinheiro e o poder da bolsa iludem, que a adrenalina e a ganância levam-nos para sítios onde não queríamos ir. Uma certa atração pelo abismo. Este filme que me mostra bem o perigo dos vícios desta área e, certamente, que um

---

[4] Pouco mais que 800 euros.

[5] Cerca de 2500 euros.

dia haverá um *Lisboa – o dinheiro não dorme* para imortalizar o que aconteceu em Portugal nos anos 80.

Em todo o caso, sei que esse é um universo onde não quero mais estar envolvido. Percebi que o trabalho sustentado tem um valor maior. E percebi que tinha de percorrer esse caminho para efetivamente ganhar dinheiro.

Os primeiros 25 contos

Habituei-me desde muito cedo a enfrentar dificuldades. O fracasso e a incerteza são normalmente momentos de alguma escuridão que nos assustam quando temos de os atravessar sem saber bem o que nos espera no passo seguinte. Aprendi que à medida que vamos avançando começa a surgir uma pequena luz e quando chegamos ao fim, temos o sol à nossa espera.

É preciso ir caminhando para não ficarmos imobilizados pela apatia e pelo medo de voltar a errar. É bom saber errar.

Quando tinha 17 anos, experimentei fazer na empresa de um amigo da minha mãe, na altura era uma das maiores do mundo na área da informática, um daqueles testes para recrutamento baseado na avaliação de aptidões e capacidades. Acabei por alcançar um dos melhores resultados até então registados em Portugal. E podia ter entrado de imediato para o mercado de trabalho, porque tentaram logo contratar-me como fazem hoje em dia os departamentos de *scouting* dos clubes de futebol com os jovens talentos. Eu até podia vir a *ser* o Pelé, o Pelé do Brasil que marcou quase 1.300 golos na sua carreira futebolística[6], mas a minha mãe atalhou caminho, dizendo-me que deveria primeiro fazer o curso de Administração e Gestão de Empresas.

Só mais tarde confessou, com uma certa ironia, reconheço, que naquela altura me tinha dissuadido de começar a trabalhar na empresa para eu não me transformar em mais um “maluquinho dos computadores”. Será que eu queria mesmo fazer dos computadores a minha vida?

---

[6] Pelé marcou um total de 1282 golos em toda a sua carreira, num total de 1367 partidas oficiais e não oficiais.

Será que eu podia fazer parte da revolução tecnológica que se começava a formar?

A resposta haveria de chegar pouco tempo depois, mas até lá continuei a desenvolver as minhas aptidões e capacidades a jogar intensamente no *Spectrum*.

Passava horas a jogar *Jet Set Willy*, *Chuckie Egg* e *Manic Miner* e foram esses milhares de horas de enorme paixão que me levaram a desenvolver uma rede de contactos que me permitia aceder aos jogos novos com regularidade. O que também acabaria por permitir que um pouco mais tarde ganhasse algum dinheiro no meu primeiro *negócio* na área da informática.

Os donos das lojas que vendiam jogos *piratas*, os únicos que existiam em Portugal, principalmente ali perto da minha casa, nos centros comerciais do Imaviz, Apolo 70 e num outro onde ficava o Cinebloco, não se relacionavam entre si e pediam-me que fizesse os jogos circularem entre eles. Era uma espécie de intermediário silencioso que movimentava centenas de cassetes de jogos. A certa altura, pedi dinheiro a alguns familiares para comprar uma aparelhagem de som com capacidade para gravar cassetes e comecei a fazer o meu próprio *stock* de jogos.

Um investimento que haveria de ser bastante rentável.

Quando um amigo do meu tio João Sereno abriu a sua própria loja, comprou-me 100 cassetes de jogos a 250 escudos[7] cada uma. O negócio foi excelente para ambos: para ele, porque comprou os jogos a metade do preço que se praticava na altura; para mim, porque ganhei assim os meus primeiros 25 contos com a informática[8]. Foi com esse dinheiro que paguei do meu próprio bolso a viagem de finalistas a Torremolinos, no final do 11.º ano, quando estava nos Salesianos, tendo gastado apenas 17 contos[9].

Vou repetir porque é uma lição de vida: paguei do meu próprio bolso e fui o único estudante a fazê-lo. Para quem não sabe, a minha mãe era pintora e nessa profissão o dinheiro não é certo, muito menos garantido. Essa incerteza moldou-me a gerir bem o dinheiro e comecei a aprender

[7] Cerca de 1,25 euros.

[8] Cerca de 125 euros.

[9] Cerca de 85 euros.

a superar dificuldades e a superar-me a mim próprio procurando novas formas de adaptação aos desafios concretos com que me deparava.

O que me parece que pode ser ilustrado com um episódio ocorrido na minha passagem para o 1.º ano da licenciatura. Creio que estávamos em setembro de 1986. Tinha 20 anos e necessitava de arranjar alguns trabalhos (ainda que esporádicos) para pagar as propinas. Recordo-me agora que estávamos mesmo em setembro, sim, porque se estava a realizar um Grande Prémio de Fórmula 1 no autódromo do Estoril, o antepenúltimo da temporada, que haveria de ser conquistado pelo lendário Alain Prost.

Consegui ficar responsável pela organização de um parque de estacionamento para os espectadores numa altura em que a intensa rivalidade entre Ayrton Senna e Alain Prost tornava as corridas, que por natureza eram frenéticas, ainda mais do que frenéticas.

Sentia-se uma energia contagiante entre as multidões que iam em peregrinação para o Estoril. Uma nuvem humana de entusiastas que se deslocava em busca daquela infindável energia da alta competição.

É claro que esses entusiastas dos carros e das velocidades se deixavam facilmente contaminar por toda esta adrenalina em estado puro. É claro que ninguém respeitava as minhas indicações sobre o estacionamento. O importante para eles era entrar rapidamente no autódromo, fosse para assistir aos treinos ou apenas para rondar pelos camiões de apoio das equipas.

O meu aspeto franzino e as minhas feições ainda demasiado juvenis dificilmente impressionavam aqueles *veteranos* da velocidade.

No primeiro dia, arrumaram os seus carros onde quiseram e provocaram um previsível caos nas saídas. No dia seguinte, adotei uma estratégia baseada na persuasão argumentativa e comecei a dizer aos proprietários, recorrendo a uma considerável simpatia, que podiam ficar tranquilos com os seus carros, mas só até à chegada do reboque, depois, teriam de ir buscá-los ao Estoril.

O meu aspeto franzino e as minhas feições ainda demasiado juvenis podiam não impressionar, mas os meus argumentos resultaram e a estratégia de persuasão foi um sucesso. No segundo dia, o parque de estacionamento estava geometricamente arrumado. Dava gosto ver. Ganhei 60 contos[10] pelos três dias a trabalhar no Grande Prémio de Portugal.

---

[10] Cerca de 300 euros.

Afinal, quem acabou por ganhar a corrida não foi nem Ayrton Senna nem o Alain Prost. Foi o Nigel Mansell.

O meu tio Brian deve ter ficado contente com a vitória de um piloto britânico. Eu também fiquei contente por ele, mas as propinas não se pagavam sozinhas. O dinheiro dava para muito pouco e eu necessitava cada vez mais de encontrar um trabalho regular para pagar as minhas despesas e ajudar nas despesas da casa.

Aprender sempre mais

Tinha acabado de fazer 22 anos quando encontrei um *part-time* como consultor financeiro da Gráfica Monumental. Precisava do dinheiro para acabar o curso.

Comecei em outubro de 1988: entrava às 8h30 da manhã, saía duas horas depois e ia para as aulas na universidade. Às vezes também ia à universidade apenas para jogar cartas com o Miguel Capelão e uns amigos.

Os 20 contos[11] de ordenado mensal começaram por pagar as análises que fazia aos dados contabilísticos e financeiros da gráfica, mas pouco tempo depois acabei por ser desafiado a analisar também os orçamentos.

Era mesmo um desafio. Tinha de convencer os orçamentistas a explicarem-me os seus métodos de trabalho para depois criar um programa informático que fizesse uma parte do seu trabalho. Talvez eu possa aqui ser dispensado de recordar a animosidade que senti. Esforcei-me para superar essas dificuldades de relacionamento pessoal e fui percebendo como faziam manualmente os orçamentos.

A paixão pela informática levou-me a produzir um programa de orçamento da gráfica com o *Quattro Pro*, mas o ordenado tornou-se rapidamente insuficiente. Eu teria de arranjar mais um trabalho, e assim foi: agarrei uma boa oportunidade que surgiu em março de 1989. Quando estava na transição para o 4.º ano do curso, fui contactado por um colega para me candidatar às funções de gestor financeiro e de pessoal da associação de estudantes do Instituto Superior Técnico (IST).

[11] Por volta de 100 euros.

O presidente, aluno do Técnico, tinha resolvido anteriormente contratar um estudante da Universidade Católica para a função. E, quando este saiu, contratou-me a mim. A associação de estudantes envolvia o trabalho direto de algumas dezenas de pessoas, ou seja, estamos a falar de uma média empresa.

Comecei a trabalhar em março de 1989, ganhava 80 contos[12], mas tinha de iniciar o dia às 7 horas da manhã para o horário coincidir com a disponibilidade da pessoa que me contratara, que, entretanto, começara a trabalhar numa grande empresa. O que me forçou a alterar o horário de trabalho na Gráfica Monumental: passei a entrar às 18 horas e a sair às 20 horas.

Esta fase da minha vida representou um desafio muito importante.

Começava manhã cedo, muito cedo, na associação de estudantes do IST, ia depois para as aulas na Universidade Católica e no final do dia ainda tinha de trabalhar na gráfica. Já agora, eu tinha 23 anos e essa minha juventude levava os colaboradores da associação de estudantes a desvalorizarem (inicialmente) as minhas capacidades para mudar toda a gestão. Estavam ali há imensos anos e duvidavam que eu fosse capaz de mudar fosse o que fosse. Mas eu gosto das dinâmicas de mudança.

Eram cerca de 40 pessoas que ali trabalhavam, muitas delas com mais do dobro da minha idade, e uma parte considerável estava devidamente sindicalizada. Foi uma verdadeira escola de como trabalhar com pessoas mais velhas, mas foi ali que comecei a organizar os métodos de trabalho focado na gestão do dinheiro e a informatização que permitiu melhorar significativamente os resultados.

Devo dizer que aprendi imenso em termos de relações laborais difíceis e complexas neste período da minha vida. A necessidade de melhorarmos permanentemente as nossas capacidades de colaborar com os outros e conseguirmos reconhecer valor em cada uma das pessoas com quem trabalhamos. Foi um desafio muito importante, sim, um desafio que me permitiu descobrir muitas coisas sobre mim e sobre as minhas competências e insuficiências profissionais.

Tornara-me numa pessoa com experiência profissional nos domínios da contabilidade, na gestão financeira em ambientes de dificuldade e na

---

[12] Cerca de 400 euros.

liderança de organizações complexas em dinâmicas de mudança. O desafio acabou naturalmente por se esgotar na medida em que o dia a dia começava a entrar na rotina e eu continuava a necessitar de desenvolver novas competências que sabia serem essenciais para o sonho de um dia gerir a minha empresa.

Tinha vontade de aprender mais.

Quando estava na fase de conclusão do último ano do curso, fui a uma entrevista de emprego com o diretor de uma *holding* que acabara de comprar uma empresa de mármores falida e pretendia reorganizá-la do zero para reabrir a atividade.

O que representava uma grande oportunidade para mim.

Consegui o trabalho e assumi as funções de diretor financeiro da Marporel, em março de 1990. Durante os meses seguintes informatizei a empresa e comecei a negociar com os bancos, aprendi imenso em termos de gestão. São negociações duras, mas que nos permitem perceber onde está o foco do dinheiro.

Digo com a dose certa de humildade que os 300 contos[13] davam um ordenado bastante bom para a época, mas eram plenamente justificados.

Conseguimos recuperar a empresa e relançá-la com sucesso no mercado. Eu continuava a aprender e a aprender cada vez mais as várias dinâmicas de gestão de empresas, mas a partir de uma certa altura o trabalho tornou-se demasiado rotineiro. Percebi então que já batera todos os recordes do *Tetris*. Percebi que chegara o tempo de aprender mais, aprender o que me faltava e o que me faltava estava nas áreas do *marketing* e vendas.

Voltei a ter sorte. Parece que quem trabalha costuma ter sorte.

O pai da minha namorada da altura exercia funções na Colgate como diretor de produção. Nutríamos uma simpatia mútua e falávamos imenso sobre empresas e sobre gestão. Quando lhe disse que gostava de trabalhar na Colgate, especifiquei que estava interessado no departamento de *marketing*. Era exatamente isso que eu queria. Aprender *marketing* para ser um melhor gestor.

A expectativa que me criou foi simples: "ajudo-te a marcar um jantar com o diretor do departamento, mas cabe-te a ti transformar esta oportunidade de falares com ele numa realidade".

---

[13] Cerca de 1500 euros.

Basta-me aqui dizer que criei uma imediata empatia com o exigente diretor de *marketing* da Colgate e pouco tempo depois estava a trabalhar na empresa. O ordenado era três vezes inferior ao ordenado na Marporel, mas eu não estava na Colgate pelos 100 contos[14]. Estava na Colgate para aprender e aprendi bastante enquanto foi possível aprender naquela escola de gestão.

Deixou de ser possível aprender mais sobre o *marketing* quando recebi uma carta em casa para ser incorporado no serviço militar. A frustração de não continuar a absorver aquele conhecimento tomava conta de mim, mas a capacidade de adaptação à mudança tratou de sarar rapidamente a ferida.

No dia 19 de novembro de 1990, lá me apresentei na Escola Prática de Administração Militar (EPAM), no Lumiar[15]. A Nintendo estava a lançar exatamente nesta altura a sua Super Nintendo no Japão, uma consola para revolucionar o mundo do *gaming*, e eu estava a voltar ao passado para viver em casernas militares e cumprir uma recruta fisicamente exigente e da qual não guardo especiais memórias. Lembro-me, e disto lembro-me bem (a PHC já existia), saí do quartel e fui devidamente fardado a uma reunião com fornecedores.

Fui depois transferido para a Manutenção Militar, no Beato, e nomeado chefe de armazém. Tinha uma secretária virada para outras 30 ou 40 secretárias onde estavam aprumadas outras tantas mulheres a preencher guias. Um trabalho quase mecanizado de preenchimento de guias. Dezenas de guias e centenas de cópias que eu tinha depois de assinar individualmente. Um pesadelo. Um pesadelo que teria sido pior não fossem os jogos de ténis que fazia todas as manhãs com o meu chefe militar, um tenente-coronel com quem criei uma saudável relação desportiva, e que fazia depois o favor de me levar a almoçar com ele na messe dos oficiais.

Por mero acaso, numa dessas penosas tardes a assinar guias, reparei numas lonas que estavam a tapar alguma coisa. Quando as levantei, vi o paraíso diante os meus olhos: computadores. Muitos computadores que tinham sido para ali esquecidos por causa de um projeto-piloto qualquer

---

[14] Cerca de 500 contos.

[15] A EPAM foi extinta em junho de 2006, tendo sido substituída pela Escola de Serviços.

que tinha fracassado. Estava ali a minha salvação. Tinha de ser bem-sucedido se quisesse deixar de assinar centenas de guias todas as tardes. Lá consegui recuperar o projeto e pouco tempo depois todas aquelas mulheres estavam a usar os computadores. Eu conseguira "acordar" os computadores para ganharem vida e facilitarem a minha.

O bater ritmado nos teclados tornara-se música de uma orquestra sinfónica para os meus ouvidos.

Lembro ainda com emoção o almoço de despedida que me fizeram. Posso garantir que ainda hoje o *Aspirante Parreira* guarda aquelas mulheres no coração.

O nascimento da PHC

Disse que falaria mais tarde da PHC e o fim do serviço militar representa uma excelente oportunidade para o fazer. Tomei nessa altura uma decisão que haveria de ter um fortíssimo impacto nos 20 anos seguinte da minha vida. Conversei com o meu amigo Miguel Capelão sobre o futuro da PHC: chegara o momento de sermos claros connosco próprios (o Vítor Holtreman já abandonara a empresa). Ou fechávamos a PHC ou eu deixava o meu emprego na Colgate e o Miguel na Petrogal, para nos dedicarmos em exclusividade ao negócio que criáramos uns anos antes.

Antes do serviço militar a empresa já existia. Levámos o processo de fundação da Parreira, Holtreman e Capelão (PHC) com o otimismo inabalável que a nossa resiliência daria frutos. A frase de Martin E.P. Seligman é posterior, mas traduz o meu espírito em 1989: «Optimism matters because it produces persistence»[16]. Afinal, fundáramos a empresa sem que tivéssemos quaisquer clientes em carteira com os 500 contos das 3 ações que havíamos vendido no tsunami da bolsa.

Gastámos 100 contos em burocracia a fundar a PHC.

As folhas do calendário começaram a cair com a passagem dos meses. O verão demorou-se e só quando estávamos quase a mergulhar no inverno é que surgiram as primeiras boas notícias com as brisas na

[16] Martin E. P. Seligman, *Learned optimism – How to change your mind and you live* (New York: Vintage Books, 2006).

mudança da estação. O meu tio Zé tinha uma empresa de *shipping*, no Cais do Sodré, e quando decidiu modernizá-la, pediu-me um conselho para indicar-lhe especialistas em informatização. Liguei ao Miguel, expliquei a situação e propus-lhe que assumíssemos nós o desafio.

Eu aprendera a programar em dBASE quando criara o novo programa para a Gráfica Monumental e o Miguel decidiu fazer um curso para implementação de redes Novell.

As atitudes otimistas podem ser (e são) decisivas para o sucesso, mas de pouco nos serviriam, neste caso concreto, sem computadores. Não tínhamos computadores para trabalhar. A nossa proposta incluía por isso um pagamento antecipado para a compra de 10 computadores e um servidor para que pudéssemos começar a produzir o *software*.

Foram longos os dias e as noites em que trabalhámos para cumprir a tarefa. Conseguimos. O nosso otimismo, a nossa persistência, e a nossa competência, já agora, teriam representado um exemplo concreto digno de ser citado por Martin E. P. Seligman se ele tivesse escrito o livro umas décadas antes. Para nós, naquela altura, queria apenas dizer que a PHC se tornara aos nossos olhos uma empresa que teria sucesso. Saber isso, já não era saber pouco em junho de 1989.

Três ideias a reter:

- O dinheiro fácil vem com uma fatura pesada;
- Ter uma vontade genuína de aprender compensa no longo prazo;
- Manter o otimismo é fundamental para enfrentar as tempestades.

PARTE I

COMO TRABALHAR A MINHA PRÓPRIA GESTÃO

CAPÍTULO 1
TRABALHAR O FOCO

Um fator crítico de sucesso e um motor oculto da felicidade

«The question is: What are our distractors costing us?»
Daniel Goleman

Bem sei que se falasse, tudo o que R2D2 dissesse seria um dispersar impercetível de bipes e ruídos eletrónicos, mas o silêncio do famoso robot de Star Wars servia acima de tudo para reforçar o ambiente solene que naquele momento se vivia numa galáxia muito, muito distante.

O futuro de uma criança está prestes a ser decidido pelo Conselho de Jedis. O mestre Qui-Gon Jinn ajoelha-se para ficar à altura dos olhos de Anakin Skywalker e deixa as palavras flutuarem: «Lembra-te sempre que o teu foco determina a tua realidade». O mestre jedi está longe de saber que a criança que tem diante de si será o futuro Darth Vader e por isso insiste que, com tempo e treino adequado, Anakin Skywalker irá aprender muito ao longo da sua vida.

O episódio «A Ameaça Fantasma» desiludiu inúmeros fans dos filmes *Star Wars*, mas a mim deixou-me a pensar na frase «o foco determina a tua realidade» e no significado do nosso foco constituir a própria realidade onde agimos.

Pode a capacidade de nos focarmos representar semelhante poder?

Um poder diferente das visões precognitivas e do manejo do sabre de luz. Um poder que possamos aprender com a nossa própria experiência. Pode o foco determinar a nossa realidade? Pode a minha experiência pessoal explicar-se (também) pelo foco?

Às vezes, vale a pena começar pelo óbvio.

Nunca me senti tentado pelo *lado negro da força*, mas a predisposição para aprender continua a revelar-se determinante na minha vida pessoal e profissional. Sinto-me ainda um aprendiz. Um aprendiz que já percorreu um certo caminho e que pode agora afirmar que a capacidade de foco constitui uma característica distintiva dos gestores de excelência.

O foco é cada vez mais um fator crítico de sucesso para os gestores e para as organizações[17]. Diria que é o segredo que todos sabem, mas apenas alguns o utilizam com proveito. Os meus *mestres jedi* têm sido os inúmeros autores de referência em diversas áreas do conhecimento que me têm ajudado a olhar, ver e respirar os ensinamentos de modo contínuo e a aplicar os mesmos na minha experiência concreta. Creio que posso, por isso, acrescentar aqui que o foco é igualmente um valioso contribuinte para a felicidade. O foco é cada vez mais um fator crítico de sucesso, sim, mas é também um motor oculto da felicidade.

Existem obstáculos, que para serem superados exigem resiliência e sacrifício, mas o foco é inequivocamente um fator de excelência que pode ser treinado. Outra boa notícia, já agora: todos podemos aprender e todos podemos ser agentes de mudança.

O foco depende desde logo da atenção, e sabemos bem que a nossa atenção no mundo empresarial está sujeita a inúmeros obstáculos provocados por incontáveis distrações. É preciso agir para que possamos superá-los e só quando somos capazes de fazê-lo atingimos o nosso foco. É este o círculo virtuoso do foco. Uma dinâmica que se autoalimenta das nossas ações concretas e que permite obter comportamentos de excelência. O que desperta uma necessidade natural de termos ainda mais foco.

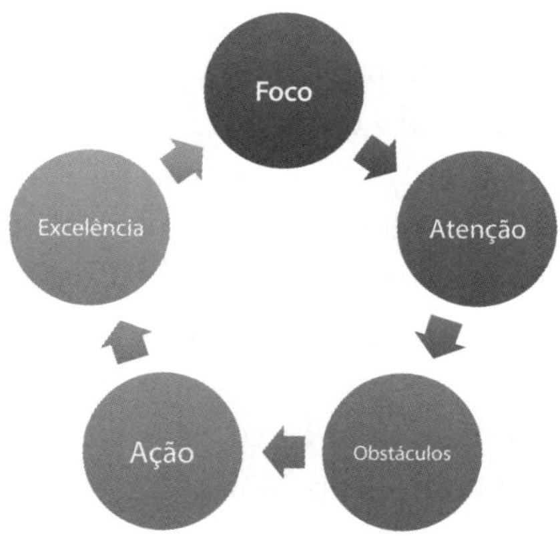

Figura 1: Foco como elemento de produtividade

[17] Daniel Goleman, *The Hidden Driver of Excellence* (New York: Harper Paperback, 2015).

O foco traduz-se na capacidade neuronal que permite concentrarmo-nos apenas em determinado objetivo ao mesmo tempo que somos capazes de ignorar tudo o resto. Implica planear e organizar as tarefas que definimos como essenciais e colocar toda a nossa persistência em ação para o atingirmos.

É escolher um caminho e percorrê-lo sem desvios.

Quando o mestre jedi Qui-Gon Jinn afirma a Anakin Skywalker que «o foco determina a realidade» está a apelar ao uso da sua força interior para obter sucesso. Certamente que a neurocientista Anne Treisman concordaria, na medida em que também a neurociência demonstra que «o modo como distribuímos a nossa atenção determina o que vemos».[18]

O que significa que se dermos atenção às dimensões positivas da nossa vida, esse otimismo tornar-se-á na nossa realidade. A realidade que pensamos que existe é aquela onde nos focamos. É esse caminho que nos leva à felicidade, na medida em que se dermos atenção às dimensões negativas, essas dimensões tornar-se-ão na nossa realidade.

Já no longínquo início do século XX, Wilfried Fritz Pareto antecipava que 20% do esforço produz 80% dos resultados. O economista italiano começou por demonstrar esta ponderação de causas e efeitos através do estudo da sua própria horta doméstica, tendo observado que 20% das vagens tinham no seu interior 80% das ervilhas. Os mesmo resultados foram obtidos na demonstração de que 20% dos italianos possuíam 80% das propriedades do país. A aplicação desta regra 20/80 acabou por se generalizar a inúmeras atividades e acabou por ser consagrada no mundo dos negócios como Princípio de Pareto, por exemplo, 20% dos clientes de uma empresa contribuem para 80% das vendas.[19]

Pareto tinha razão. É exatamente essa correlação que se verifica nas empresas. E na PHC não é exceção: 20% dos clientes geram quase 80% dos resultados. A razão de Vilfredo Pareto significa também que nas nossas vidas 20% do esforço produz 80% dos nossos resultados.

---

[18] Anne Treisman, *Visual Perception and Memory of Objects* (PN Books: 1995); Anne Treisman (ed.), *Attention, Space and Action: Studies in Cognitive Neuroscience* (Oxford: Oxford University Press, 1999).

[19] Vilfredo Pareto, *Manual of Political Economy* (Oxford: Oxford University Press, 2014).

A importância de nos focarmos em poucas coisas ao mesmo tempo parece-me absolutamente clara; ainda mais clara se tivermos em conta a limitação das nossas próprias capacidades físicas e mentais.

Se aplicarmos toda a nossa energia em todas as coisas estaremos apenas a multiplicar coisas que ficam mal feitas, mas se aplicarmos a maior parte da nossa energia aos 20% essenciais, significa que o foco levar-nos-á mais longe e os resultados serão assim exponenciais.

O foco começa precisamente na nossa capacidade de atenção. É fundamental aprendermos a orientar as nossas energias para aquilo que consideramos essencial. Trata-se de uma escolha: escolher o que fazer para fazê-lo bem. O foco *necessita* que façamos essa escolha, ou seja, que sejamos capazes de dar atenção a um objetivo relegando todos os outros para segundo plano.[20]

A dispersão da atenção impede que estejamos focados no essencial e os resultados das nossas atividades indiferenciadas ficarão necessariamente abaixo das nossas capacidades intelectuais. Estou a referir-me, não só a distrações proporcionadas pelos *smartphones e redes sociais*, mas também a uma autossabotagem que resulta frequentemente em procrastinação, isto é, a impossibilidade de fazer tudo ao mesmo tempo, devido à falta de atenção e de foco, resulta no adiamento de tudo o que se decidiu fazer. Incluindo objetivos considerados fundamentais, mas que acabam por ser vítimas da procrastinação resultante do esgotamento das energias.

O urgente e o importante

Dwight Eisenhower sabia o que estava a dizer quando afirmou que «o que é importante raramente é urgente e o que é urgente raramente é importante». Um grande líder que comandou milhões de militares nos momentos decisivos da Segunda Guerra Mundial tinha necessariamente de saber distinguir o importante do urgente em decisões que envolviam a vida e a morte, a liberdade e o totalitarismo.

---

[20] Greg McKeown, *Essentialism: The Disciplined Pursuit of Less* (New York: Crown Business, 2014).

Citei este presidente norte-americano porque a aplicação da Matriz de Eisenhower pode revelar-se um instrumento fundamental na procura do foco.

Figura 2: Matriz de Eisenhower

Desde logo, na consciência de que as coisas pouco importantes e pouco urgentes nada contribuem para os nossos resultados, por exemplo, utilizar as redes sociais ou as conversas de circunstância para iniciar o dia no local de trabalho.

As coisas pouco importantes e muito urgentes são uma manifestação daquilo que deixou de ter sido feito quando devia ter sido. O adiamento tornou urgente a sua resolução, por exemplo, o incumprimento de prazos que seriam facilmente respeitados com a devida atenção.

Já as coisas muito importantes e muito urgentes constituem os principais fatores de *stress* nas pessoas. Esgotam todas as energias. Estes comportamentos resultam com frequência em casos de exaustão, na medida em que produzem cenários de incapacidade de cumprir ou terminar seja o que for.

Por fim, as coisas muito importantes e pouco urgentes situam-se genericamente na gestão do tempo para dimensões de caráter pessoal, a aquisição de novos conhecimentos e novas competências, relacionamentos sociais e questões de saúde, por exemplo. Esta parece-me, aliás, uma questão exemplar. É frequente as pessoas adiarem decisões que influenciam diretamente o seu estado de saúde porque naquele momento não são urgentes.

Não são, mas poderão vir a ser e nessa altura serão muito importantes e muito urgentes.

As pessoas que são capazes de se focar naquilo que consideram muito importante e pouco urgente têm maiores probabilidades de ter sucesso e de ser mais felizes. São capazes de impedir que as situações escalem para muito urgente. Essa capacidade resulta da atenção e do foco, na medida em que as dinâmicas quotidianas levam-nos naturalmente para as coisas que são urgentes e não necessariamente as mais importantes.

A ausência de foco e a tendência para enfrentar todos os assuntos em simultâneo provoca estados de *stress* intenso e desnecessários. Quando tudo se torna urgente, os prazos deixam de ser cumpridos e frequentemente degeneram em situações de falta de sono de qualidade, má alimentação e sedentarismo.

A urgência impossibilita a gestão do tempo.

Mas se todos sabemos que o foco é um fator crítico de sucesso, por que razão apenas alguns o utilizam com proveito?

A resposta também não é segredo: porque existem obstáculos que desviam a atenção e travam o foco no essencial para deixar o acessório triunfar. Curiosamente, uma parte substancial destes obstáculos são criados e mantidos ativos por nós próprios.

Obstáculos ao foco

Excesso de informação: As indústrias da atenção são cada vez mais eficazes nos seus mecanismos de captura. As redes sociais, os conteúdos publicitários das marcas e os *mass media*, por exemplo, desenvolveram uma imensa capacidade para captar a nossa atenção. Sabendo que as pessoas não podem prestar atenção a tudo ao mesmo tempo, estas indústrias da atenção tornaram-se mais ardilosas na transferência do foco da nossa agenda para a sua própria agenda. O imenso oceano de informação onde todos vivemos alimenta-se da falsa necessidade de estarmos sempre informados e informados sobre tudo. É um mito: acharmos que temos de saber tudo e saber tudo o que se está a passar para depois ter uma opinião. É assim que perdermos a atenção.

Excesso de opinião: Essa necessidade de ter sempre uma opinião ergue-se em vários níveis como um obstáculo ao foco. Desde logo, porque as opiniões transportam consigo uma carga emocional, o que representa um gasto de maior energia mental e uma consequente redução do foco; depois, porque emitimos uma opinião quando nem sequer nos foi solicitada; por último, porque ainda assim, esperamos obter uma reação (mesmo que seja um *like*). O excesso de opinião resulta de uma necessidade intrínseca de reconhecimento, e a libertação das hormonas por essa via emocional provoca uma crescente dependência, aliás, semelhante aos efeitos de algumas drogas. As redes sociais transformaram-se em plataformas de reconhecimento e aceitação social precisamente porque ocorreu uma transferência das relações sociais presenciais para os mundos virtuais.

Distrações: Toda a multiplicidade de dispositivos eletrónicos, a imensidão de notificações e de *apps* e a transformação dos correios eletrónicos em instrumentos indispensáveis de trabalho, toda esta multiplicidade serve para raptar a nossa atenção. As notificações das redes, por exemplo, são um instrumento poderosíssimo para impedir que estejamos focados nos objetivos que nós próprios havíamos definimos. Também o correio eletrónico se tornou num problema para as empresas em determinadas circunstâncias, na medida em que foi transformado numa fonte de distração. É outro mito: acharmos que temos de estar sempre atentos aos *e-mails*. Quem está sempre atento aos *e-mails*, está necessariamente desfocado daquilo que é muito importante (e ainda não é urgente).

***Multitaskinq*:** A perceção de que temos sempre muitas coisas para fazer sustenta um outro mito; o mito de que as pessoas que são capazes de fazer várias coisas, e coisas diferentes ao mesmo tempo, são mais competentes. É uma perceção errada. Está inequivocamente demonstrado que o cérebro humano só trata de uma coisa de cada vez, e sempre que mudamos de objetivo, estamos a gastar mais energia, a dispersar a nossa atenção e a perder o foco. É verdade que o *multitasking* permite realizar tarefas simples e rotineiras, mas se procurarmos excelência na execução, está fora de causa desmultiplicar tarefas e desperdiçar a preciosa energia mental saltando de uma tarefa para outra tarefa.

Open Space: É um dos formatos mais frequentes de organização de espaço em escritórios. É verdade que representa muitas vantagens, por exemplo, nas dinâmicas de trabalho em equipa, na eficácia da comunicação e na própria velocidade de circulação da informação. É também verdade que os ambientes de trabalho em *open space* afetam duplamente a atenção: distraem visualmente e distraem auditivamente através dos estímulos cerebrais que provocam. Estas distrações resultam da ativação do cérebro funcional reptiliano[21], que comanda os estados de alerta para sobrevivência e para a reprodução. Este foco revelou-se fundamental para a sobrevivência dos primeiros hominídeos nas savanas, mas nas empresas modernas é um obstáculo, na medida em que o estado de alerta permanente em relação ao ambiente circundante consome maior energia cerebral e reduz a capacidade de atenção. É fundamental para as empresas encontrarem pontos de equilíbrio entre as vantagens de colaboração e da cooperação e a preservação do foco na execução das tarefas.

Recursos limitados: Todos os obstáculos são relevantes, mas este reveste-se de um caráter decisivo: temos recursos limitados. Por um lado, a nossa capacidade para ter atenção é limitada, na medida em que nossa energia cerebral é naturalmente limitada; mas, por outro lado, as solicitações são ilimitadas. Para agudizar ainda mais este problema, convém também considerar que a nossa capacidade de atenção desceu dramaticamente para metade (de 12% para 6%)[22]. Cada pessoa à nossa volta tem a sua própria agenda e quando estamos no seu caminho acabamos por ser solicitados para uma qualquer interação. Estas interrupções consomem energia, e podem até esgotá-la. Este é o grande fator pelo qual a atenção é difícil e cada vez mais rara. É o que distingue os bons dos medíocres. Quem *entrega*, de quem *não entrega*. Quem é feliz, de quem não é. Quem confia na sorte, de quem constrói a sua sorte.

---

[21] Paul MacLean, *The Triune Brain in evolution: Role in paleocerebral functions* (Springer, 1990).

[22] *Attention in the Digital Age*, Microsoft (2015).

Caminhos para o foco

Se concordarmos que uma parte substancial destes obstáculos são criados e mantidos ativos por nós próprios, quer dizer que podemos aprender não apenas a identificá-los, mas acima de tudo a dominá-los.

Como podemos então beneficiar da atenção?

Perguntado de outra forma: como podemos determinar a nossa realidade através do foco?

Caminhos para o foco

Criar hábitos: Devemos trabalhar os hábitos, desde logo porque a sua automatização irá definir os comportamentos futuros. O cérebro usa-os como atalhos para poupar energia, ou seja, as ações tornam-se automáticas, consumindo pouca energia cerebral e reforçando a capacidade de foco[23]. Os hábitos começam por ser acionados para determinada ação, essa ação é assim executada e gera depois um determinado resultado. Se esse resultado for positivo, o cérebro irá automaticamente executar a ação quando as mesmas circunstâncias se repetirem. Tendo em conta que alguns dos nossos hábitos são negativos, e muitos deles inconscientes, devemos manifestar abertura para que nos ajudem a identificá-los, para que depois possamos escolher quais queremos e quais não queremos. Neste processo, convém *não matar o mensageiro* e escutar todos os contributos com a devida atenção. A introdução de um novo hábito implica alterar outro, por exemplo, fazer exercício diariamente implica dormir e acordar mais cedo para preservar as horas de sono essenciais. O enraizamento do novo hábito depende da repetição e, precisamente pela repetição, o cérebro integra-o e passa a acioná-lo automaticamente.

Treinar a mente e meditação: Estou a pensar na necessidade permanente de treinar a nossa mente: *vaguear*, *voltar*; *vaguear*, *voltar*. Quanto mais horas dedicarmos a este exercício, melhores serão os resultados. Aceitando que a mente tem um papel essencial de controlo, devemos

[23] Charles Duhigg, *The power of habit: Why we do what we do in life and business* (New York: Random House: 2012).

encarar o *mindfullness* como uma ferramenta essencial de treino. Treinar para que quando *vagueamos* sejamos capazes de *voltar*, ou seja, quando perdemos a atenção no que estamos a fazer, sejamos capazes de notar e voltar ao foco. É como treinar determinados músculos do corpo. Recorrendo a técnicas de meditação, podemos treinar a mente para *voltar* depois de se dispersar. Nós não somos os nossos pensamentos. Este treino da mente aumenta a resistência às distrações. Quantas mais horas, melhores resultados. Daniel Goleman já demonstrou que 30 horas de meditação melhoraram em 20% os resultados de estudantes num teste de matemática de acesso à universidade, nos Estados Unidos[24]. Mais: está provado que as primeiras 40 horas de meditação proporcionam imensos benefícios para o cérebro; e a partir das mil horas, esses efeitos tornam-se permanentes.[25] Isto significa que os efeitos positivos da meditação se manifestam no cérebro muito para lá da própria prática de meditação, conforme ficou também demonstrado com um estudo efetuado com monges tibetanos através de ressonâncias magnéticas. As práticas de meditação permitiram ao cérebro desenvolver novas capacidades, que lhes permitem agora controlar não apenas a respiração, mas os próprios batimentos cardíacos[26]. A meditação é uma prática simples, mas poderosa, e sem quaisquer vínculos religiosos.

Dormir: É essencial dar mais capacidade à nossa mente para que possamos aumentar o período de alta performance ao longo do dia. O sono é, por isso, fundamental. Cada pessoa necessita de um número variável de horas, eu, por exemplo, necessito de 8h15m. O que significa que quando durmo menos, fico a *dever* esse tempo à minha mente para continuar a manter o mesmo nível de exigência. Um sono regular reforça as nossas capacidades de resistência às distrações, logo, aumenta a nossa atenção e beneficia o foco através da desconstrução dos estados de ansiedade.

[24] Daniel Goleman, Richard Davidson, *The Science of Meditation: How to change your brain, mind and body* (New York: Penguin Life, 2017).

[25] Daniel Goleman, Richard J. Davidson, *Altered Traits: Science Reveals How Meditation Changes Your Mind, Brain, and Body* (New York: Avery, 2017).

[26] Maria Kozhevnikov, Olga Louchakova, Zoran Josipovic, Michael A. Motes, «The Enhancement of Visuospatial Processing Efficiency Through Buddhist Deity Meditation», *Psychological Science*, May 1, 2009.

Fazer exercício físico: Mente sã, só com o corpo são. O exercício físico projeta-se como vital para o cérebro, principalmente para as pessoas que trabalham todo o dia em escritórios. Podemos ensaiar pequenos exercícios que vão proporcionando resultados positivos de forma crescente, por exemplo, subir escadas ou andar 15 minutos a pé, contribuem imenso para oxigenar o cérebro. O que proporciona um notável reforço da capacidade à mente.

Beber água: Os cérebros desidratados perdem imensas capacidades. Todo o corpo precisa de água, mas o cérebro é um dos órgãos mais necessitado de hidratação. Beber água ao longo do dia aumenta imenso a performance e contribui para a saúde de uma forma geral. Eu criei o hábito de beber entre 1 a 2 litros de água por dia, mas tive de aprender a fazê-lo para depois beneficiar dos seus efeitos. A falta de água e de açúcar no sangue podem ter um impacto enorme da capacidade mental das pessoas. Aliás, um estudo desenvolvido nos Estados Unidos com um conjunto de juízes responsáveis pela concessão de liberdade condicional, demonstra que as decisões favoráveis ocorriam na primeira fase do seu trabalho. O padrão revelou que no início da manhã e da tarde registavam-se mais sentenças favoráveis e no final dos respetivos períodos aumentavam as rejeições. O facto de os juízes trabalharem ininterruptamente retirava-lhes capacidade de decisão devido ao cansaço provocado pela falta de água e de açúcar. O enfraquecimento da energia mental levava-os a decidirem pelo óbvio, isto é, manter os presos detidos sem justificações adicionais. Trata-se de uma clara demonstração baseada em evidências científicas de que as decisões (sejam eles quais forem, na verdade) não eram e não são baseadas apenas em fatos e em leis.[27]

Gerir o tempo: Temos de ser donos do nosso tempo. Este princípio é fundamental, mas ser eficaz implica uma boa gestão, ou seja, planear para melhor executar. O que passa também por reservar tempo para o imprevisto, tempo para parar e pensar, tempo para definir objetivos e prioridades. O tempo é um recurso escasso, e por isso muito valioso. A sua *domesticação* é fundamental. Uma gestão eficiente do tempo para

[27] Shai Danziger, Jonathan Levav e Liora Avnaim-Pesso, «Extraneous factor in judicial decisions», *PNAS*, April 26, 2011, vol. 108; n.º 17.

garantir o foco garante liberdade para escolher o que fazer e o que não fazer. A minha experiência levou-me a impor uma regra de trabalho: garantir um intervalo de 15 minutos entre reuniões de 45 minutos. Este tempo é fundamental para eu consolidar o que se passou antes para depois estar de mente aberta para o que vem a seguir.

Viver com intenção: É preciso viver a vida com intenção para atingir a excelência e a felicidade. O que se traduz em fazer escolhas. Fazer escolhas com base numa intenção significa reconhecer o que é realmente importante entre as centenas de pequenas e grandes decisões que somos convocados para tomar diariamente. Logo, outras coisas ficarão necessariamente para trás, mas este *menos*, na verdade, é mais e melhor, porque resulta das nossas escolhas. Trata-se de uma busca permanente pelo essencial, mas uma busca realizada com discernimento. Temos uma vida com significado quando escolhemos para onde ir e chegamos ao objetivo. Temos uma vida com significado quando somos capazes de nos concentrar no essencial e sabemos dispensar o acessório.

O que conseguimos com o foco? O que conseguimos quando superamos os obstáculos? O que conseguimos quando levamos a vida com significado?

Conseguimos três importantes ganhos.

Em primeiro lugar, a capacidade de foco resulta em alta *performance* pessoal e profissional.

Somos capazes de fazer mais em menos tempo, de fazer com melhor qualidade e de fazer sem deixar pontas soltas.

Em segundo, conseguimos atingir os nossos objetivos sem desvios.

O foco ajuda-nos a conseguir o que queremos, porque resulta da nossa escolha e só nós nos podemos ajudar.

Em terceiro lugar, alcançamos uma indiscritível sensação de dever cumprido por cumprirmos os nossos objetivos.

Somos capazes de pensar numa meta e conseguimos atingi-la. Alimenta-se assim a motivação pessoal e a felicidade.

É o foco que permite estes três ganhos e o sucesso depende da nossa ação, ou seja, daquilo que fazemos para o atingir.

Corro o risco de me repetir ao reafirmar que não existem segredos, mas existirão certamente alguns truques para conseguir ter foco e utilizá-lo como um fator crítico de sucesso através da distinção pela excelência.

Truques rápidos

7 DICAS

Desligar notificações: Sim, desligar. Desligar as notificações do telemóvel, do correio eletrónico e das redes sociais. Distraem a nossa atenção e roubam o nosso foco. Podemos escolher o que queremos que nos distraia, mas avaliando se o preço da interrupção é justificado. Eu desligo as notificações do mail no meu computador, por exemplo, porque se estou a usá-lo significa que estou focado numa tarefa, e não quero ter a minha atenção desviada para outros assuntos.

Gerir o *e-mail*: Do mesmo modo que não devemos estar sempre a consultá-lo, também não podemos ignorar a sua importância como ferramenta facilitadora das comunicações. A estratégia *Inbox Zero* traduz-se no tratamento em bloco das mensagens em momentos previamente definidos para o fazer[28]. Eu reservo estes espaços de tempo. Tempo para ler os *e-mails*, tempo para pensar sobre eles e tempo para responder. Os *e-mails* podem ser classificados para resposta rápida, para ler e refletir antes de responder (divididos entre tratar no próprio dia ou nas tardes de sexta-feira), ou apenas para apagar. O posterior tratamento em bloco facilita imenso essa tarefa. Se queremos manter o foco, temos de recusar o (falso) receio de estar momentaneamente fora dos círculos de informação (FOMO – Fear of Missing Out). Não há que ter receio quando levamos uma vida com significado e tomamos as nossas próprias decisões. Talvez assim possamos chegar ao tempo em que será necessário trabalhar apenas 4 horas por semana[29].

---

[28] Ian Charnas, *Inbox Zero: How to Stop Checking E-mail and Start Finishing It* (Inbox Zero Solutions, 2018).

[29] Timothy Ferriss, *The 4-Hour Workweek: Escape 9-5, Live Anywhere, and Join the New Rich* (New York: Harmony, 2009).

Dosear as redes sociais: É a mais perigosa ameaça escondida. Tem um poder de desfocar semelhante ao *e-mail*, ainda que muitas vezes constitua uma fuga ao tédio. O problema está na habituação que provoca. Também aqui devemos fazer as nossas escolhas e decidir o que queremos, por exemplo, evitando estar sempre a consultar ou desligando efetivamente as notificações. Não, também não há nada a recear. Bastará navegar em bloco para exponenciar a utilização do tempo. Tenho aqui de confessar que entre todas as redes sociais existe uma com significativos poderes de atração: o Facebook. Talvez seja por isso que não uso a minha conta nesta rede. Se não deixo que o *e-mail* tome conta de minha vida, apesar de receber centenas por dia, impensável seria que deixasse que uma rede social o fizesse com sucessivas, e muito atraentes, distrações.

Planear o trabalho: Implica perceber os ciclos de trabalho, na medida em que a nossa capacidade de foco varia durante o dia e segundo determinados padrões. É necessário percebermos quais os ciclos que melhor se adequam ao nosso ritmo, por exemplo, alguns estudos apontam no sentido de que 50% das pessoas situam-se num padrão de *normalidade*, 25% deita-se cedo e levanta-se muito cedo e os restantes 25% deita-se tarde e levanta-se muito tarde[30]. O curioso é que o ciclo de foco se mantém independentemente dos horários em concreto. O que reforça a necessidade de identificarmos o nosso ciclo, na certeza de que o pico ocorre quando acordamos, independentemente se for cedo ou tarde. O que nos leva a uma outra questão: importa ocupar tempo para foco e tempo para não foco, por exemplo, reconhecer que alguns momentos servem para dispersão intelectual e outros para concentração total. Uma boa planificação do tempo exige um forte autoconhecimento.

Usar sinais de "não incomodar": É fundamental reservar espaço, o nosso espaço vital. Para isso, em ambientes de trabalho coletivo, temos de dar sinais aos outros. Não podemos recear dizer que não queremos ser incomodados. É perfeitamente adequado pedir antecipadamente para não ser interrompido ou usar sinais que transmitam claramente esse desejo.

---

[30] Daniel H. PinkWhen, *The Scientific Secrets of Perfect Timing* (New York: Riverhead Books, 2018).

Aproveitar o silêncio: Há duas formas de conseguir silêncio: pedindo, e não há que ter reservas em pedir silêncio, ou, novamente, dando sinais, por exemplo, colocando *headphones* para todos entenderem que a pessoa está focada e necessita de silêncio. Gosto de promover este tipo de comportamentos: sinalizar que estamos focados e necessitamos desse espaço e desse silêncio. Podemos utilizar os *headphones* apenas para sinalizar ou para ouvir música especialmente concebida para ajudar a atenção. O Spotify pode ser um recurso especialmente útil, na medida em que disponibiliza *playlists* específicas para a concentração.

Dizer «não»: Eu sei: é difícil e é desconfortável, mas também é de enorme importância. Devemos dizer «não» sempre que for necessário e dizer com uma certa graciosidade, mas sem dispensar firmeza e determinação. Imagino que o leitor se pergunte: e como dizer «não ao chefe?». Existem formas, por exemplo, utilizando o humor ou colocando a decisão *no outro lado*: «Para fazer o que me está a ser pedido, deixo de fazer o que estou a fazer? Qual é a prioridade?». Um «não» claro é mais elegante que um «sim» vago ou sem empenho.

A importância que coloco na importância do foco para atingir excelência dos resultados levou-me a implementar uma formação na PHC exatamente nesse sentido, tendo como base os conteúdos expostos neste capítulo.

Os nossos colaboradores integram voluntariamente esta formação na PHC e são depois desafiados a alterar progressivamente os seus hábitos e a partilharem as suas mudanças na rede colaborativa interna. As formações são opcionais, mas acredito profundamente nestas estratégias que ajudam a trabalhar o foco em 21 dias, o tempo considerado necessário para o enraizamento de um novo hábito.

Acredito profundamente que podemos trabalhar o foco, quanto mais não fosse, porque comigo, estas estratégias continuam a resultar.

É por isso que gosto de repetir as palavras que Qui-Gon Jinn dirigiu ao Anakin Skywalker: «O teu foco determina a tua realidade».

Três ideias a reter:

- Foco é uma competência que se treina;
- A urgência é uma ameaça ao que realmente é importante;
- Bons hábitos ajudam-nos a ter o foco necessário para sermos mais competitivos.

CAPÍTULO 2
ENCONTRAR O EQUILÍBRIO

Definir um propósito que permita desfrutar a vida

«Habit is the intersection of knowledge (what to do), skill (how to do), and desire (want to do).»
STEPHEN R. COVEY

Podia ter-me questionado qual seria o meu propósito para a vida quando Brad Pitt encheu a tela do cinema com aquela cara de mauzão para *me* dizer: «You are not your job, you're not how much money you have in the bank. You are not the car you drive. You're not the contents of your wallet. You are not your fucking khakis».

Qual seria o meu propósito para a vida?

Eu nem sequer tinha calças de caqui, mas podia ter pensado nisso quando vi o *Fight Club* pela primeira vez.

Não pensei.

Isso só aconteceu exatamente uma década mais tarde quando descobri que existiam 7 hábitos definidores das pessoas altamente eficazes e eu não tinha um único sequer. Foi uma descoberta dura para alguém que ambiciona desempenhos de alta *performance*.

Uma descoberta quase tão dura quanto a sua superação porque a definição dos hábitos pressupõe também a definição de um propósito e eu estava enganado quanto ao meu.

Os sete hábitos de pessoas altamente eficazes

Hábito 1: Ser proativo;
Hábito 2: Começar com o fim em mente;
Hábito 3: Colocar as coisas mais importantes em primeiro lugar;
Hábito 4: Pensar benefício mútuo;
Hábito 5: Procurar compreender para depois ser compreendido;
Hábito 6: Criar sinergias;
Hábito 7: Afiar a serra.[31]

[31] Stephen R. Covey, *The 7 Habits of Highly Effective People: Powerful Lessons in Personal Change* (New York: Simon & Schuster, 1989).

São sete hábitos que definem as pessoas altamente eficazes. E eu ainda não tinha nenhum.

O que eu descobri com o livro de Stephen R. Covey e os seus ensinamentos práticos resultou numa experiência que teve tanto de (inicialmente) assustadora como de reveladora (no final) e cujos efeitos ainda hoje se manifestam na minha vida e no meu equilíbrio.

À medida que ia lendo o livro, tendia naturalmente a concordar com tudo o que estava a ler porque é exatamente aquilo que deve ser feito por pessoas altamente eficazes. Eu sabia. Mas alcançar esses hábitos implicava um enorme esforço e persistência e lembro-me de sentir várias vezes uma certa vontade de desistir.

Não só não desisti como acabei por aprender imensas lições que apliquei com sucesso à minha própria vida. Aliás, fiquei de tal forma entusiasmado com os resultados, que decidi oferecer cópias do livro a vários amigos como presente de Natal. Creio que o terei oferecido talvez a umas 20 pessoas mais próximas. Dois anos mais tarde, a mulher de um deles devolveu-me o livro imaculado: nem uma página tinha sido lida. A boa notícia é que para muitos dos outros que leram, o livro acabou por mudar as suas vidas.

A minha, começou a mudar quando tive de descobrir o meu propósito e para consegui-lo foi necessário fazer uma profunda introspeção para depois escrever uma declaração com a minha missão pessoal.

O exercício começou com um desafio proposto por Stephen R. Covey: pensemos que acabámos de morrer e que estão amigos e familiares a falar de nós, por exemplo, no nosso velório.

O que estarão a dizer?

Que gozámos a vida?

Que demos tudo pela família?

Que trabalhámos com um significado pessoal e coletivo?

Ou dirão que passámos completamente ao lado de tudo?

Começarmos por pensar naquilo que gostaríamos que os nossos amigos dissessem de nós pode ser um excelente caminho para descobrir o nosso propósito de vida. Dito de maneira simples, ajuda-nos a responder à pergunta: o que andamos *aqui* a fazer?

Aceitei o desafio perante mim mesmo e durante várias horas estive simplesmente sentado na praia a escrever palavras sobre aquele que eu considerava até então o meu propósito: ser pai.

Estava absolutamente convicto de que seria esse o meu propósito.

O processo de autodescoberta começou nessa tarde de praia e prolongou-se por mais de dois meses.

Admito que se trata de um exercício simples, mas extremamente exigente.

É preciso persistir, procurar respostas, olhar para dentro de nós próprios. Avançar e recuar. Primeiro, questionar tudo. Depois, consolidar ideias e pensamentos.

Consegui finalmente descobrir que o meu propósito não era *ser pai*. Ou melhor: é esse o meu propósito, mas numa outra perspetiva, uma perspetiva generosamente bastante mais ampla.

Descobri que o meu propósito é gozar a vida e fazer com que as pessoas que estão à minha volta também a gozem. O que significa que tenho o propósito de ter filhos e de ser feliz com eles e que eles tenham vidas igualmente felizes.

Essa descoberta trouxe consigo uma enorme carga de alívio.

Fiquei genuinamente feliz por ter identificado o meu propósito e quando descobrimos o nosso propósito estamos a facilitar imenso o nosso *life balance*.

Bem sei que estamos todos mais familiarizados com o conceito de *work-life balance*, mas esta dicotomia não se justifica quando o trabalho faz parte das nossas vidas. A minha sugestão é devemos equilibrar todas as áreas da minha vida e o trabalho é apenas uma delas.

Todas as decisões passam a fazer mais sentido porque contribuem para o nosso propósito, isto é, os nossos hábitos adquirem um significado inspirador pela importância incrível que passam a ter na nossa vida.

Sei agora que para gozar a vida tenho de trabalhar, e como adoro trabalhar muito, tenho de equilibrar o trabalho e o meu relacionamento com as pessoas com quem quero partilhar esse gozo pela vida, a família, os amigos e os colegas de trabalho, os **PHCs**[32], os parceiros da PHC e os clientes da PHC.

O propósito transmite-se agora em tudo o que faço.

Tenho maior capacidade de trabalho, sou mais resiliente, estou mais bem preparado para tomar melhores decisões porque tenho um propósito.

---

[32] Chamamos internamente, e de forma carinhosa, de PHCs aos colaboradores da PHC.

Não se trata de criar um *Fight Club underground* para descobrir uma missão pessoal um tanto ou quanto sombria contra uma certa libertação dos bens materiais, mas sim de uma missão pessoal positiva que se torna central para todas as decisões que são necessárias tomar diariamente.

Eu sou os meus filhos, a minha mulher, a minha família, os meus amigos, a *minha* empresa, os meus colegas, os meus clientes.

Eu sou a minha vida e o meu trabalho.

Só não sou as calças de caqui celebrizadas pelo *Fight Club*.

Hoje, já sabia o que dizer a Brad Pitt: sou o meu propósito e tudo aquilo que faço para atingi-lo positivamente.

Como começar (bem) o dia

É provável que alguns agregadores de citações garantam que terá sido Will Durant a dizer no século XX que somos aquilo que fazemos repetidamente e que a excelência não é um modo de agir, mas sim um hábito. Outros, recuarão esses 2 mil anos para tributar o elogio a Aristóteles por ter deixado dito que só fazemos melhor aquilo que repetidamente insistimos em melhorar, e que essa busca da excelência não deve ser um objetivo, mas um hábito.

Podemos aqui concordar com ambos e acrescentar Stephen R. Covey: «Habit is the intersection of knowledge (what to do), skill (how to do), and desire (want to do)».

Sabendo nós o que são hábitos e qual a sua importância no propósito, como sabemos quais é que são os nossos próprios hábitos?

Como é que podemos descobri-los e como podemos distinguir os bons dos maus?[33]

Se for verdade que somos o resultado dos nossos hábitos, o que dizem os meus hábitos sobre mim próprio?

Todos nós em algum momento das nossas vidas formulámos algumas destas questões mesmo que inconscientemente, mas quando ambicionamos obter resultados de excelência em permanência, sabemos que só

[33] Cf. Capítulo 1 – Foco, o segredo do sucesso e da felicidade.

conseguiremos *lá chegar* com comportamentos de alta *performance* e isso exige hábitos perfeitamente definidos.

Tenho feito esse exercício de autodescoberta dos meus hábitos (que deve ser permanente, insisto) e penso possuir agora uma noção mais clara da sua importância na minha vida pessoal e nos meus resultados profissionais.

Como tudo começou?

Fiz esta pergunta, mas não sei responder, porque é difícil encontrar um momento concreto. Diria que as várias obras de Brian Tracy terão desempenhado um papel fundamental nesse processo. Talvez agora, que penso melhor no assunto para escrever e revejo esses livros, possa citar *Million Dollar Habits: Proven Power Practices to Double and Triple Your Income*[34], na medida em que me deixou com uma clara perceção sobre as fronteiras que separam os comportamentos *high performance* dos *comportamentos average performance.*

Os hábitos definem-nos, e os meus começam cedo.

O meu dia normal de trabalho inicia-se com *early routines*, ou seja, o momento de acordar e o que faço nessas primeiras horas são determinantes para a minha *performance.*

Em primeiro lugar, levanto-me cedo, desde logo porque sei que que a minha capacidade de concentração tem o seu pico precisamente nas primeiras horas da manhã. É neste período que executo as tarefas mais criativas, que consolido pensamentos mais estruturados e tomo decisões de maior complexidade.

Por isso mesmo, criei o hábito de levantar-me entre as 6h30 e as 7h.

Descobri também que a minha *performance* aumenta substancialmente se fizer exercício físico e adicionei esse novo hábito.

Começo por beber água com limão para equilibrar o meu metabolismo antes de comer a primeira refeição da manhã, e depois faço 20 minutos de exercício numa bicicleta elíptica e duas pranchas de 1 minuto. Tenho também uns exercícios musculares para evitar as tendinites e executo todos estes hábitos devidamente motivado com música alinhada com as batidas do coração em cada momento.

---

[34] Brian Tracy, *Million Dollar Habits: Proven Power Practices to Double and Triple Your Income* (S.l.: Entrepreneur House Productions, 2004).

São hábitos que desenvolvo em harmonia.

Aliás, a música desempenha um papel fundamental na minha *performance* e tenho *playlists* preparadas para diversos momentos, por exemplo, antes das intervenções públicas para grandes audiências, oiço uma *playlist* («My Events») com apenas 6 músicas: *Legendary* (Welshly Arms), *Can't Hold Us* (Macklemore), *Bleed it Out* (Linkin Park), *Believer* (Imagine Dragons),*Tomorrow* (James) e *Uprising* (Muse).

São apenas 6 músicas para ouvir com *headphones*, mas são 6 músicas altamente poderosas e que produzem efeitos incríveis na minha motivação.

Aliás, lembro-me de um estudo feito pela BBC precisamente para demonstrar a importância da motivação em circunstâncias de ansiedade.

Cerca de 40 pessoas foram desafiadas para efetuarem um salto de *bungee jumping* pela primeira vez.

Quando chegaram à plataforma do salto, os elementos do primeiro grupo começaram a hesitar, a colocar novas questões e só ao fim de algum tempo decidiram fazer o salto. Sim, saltaram, mas em média demoraram mais de 1 minuto a tomar essa decisão apesar de saberem que todo o ambiente estava controlado.

As restantes 20 pessoas foram preparadas de uma forma simples: darem pequenos saltos num minitrampolim com os braços abertos (como se estivessem a agradecer ao público) durante 30 segundos. A repetição do movimento ativou uma espécie de reminiscência da evolução da espécie humana, suponho que uma marca de coragem e de expressão física dessa coragem, e que se expressou energeticamente nessas pessoas: demoraram cerca de 10 segundos a fazerem o seu primeiro salto de *bungee jumping*.

O próprio Tony Robbins, um dos gurus mais considerados na área da motivação pessoal[35], utiliza um minitrampolim para se preparar para as suas impressionantes palestras e utiliza-o exatamente uns segundos antes de subir para o palco.

---

[35] Cito apenas dois livros de referência, entre inúmeras possibilidades: Anthony Robbins, *Awaken the Giant Within: How to Take Immediate Control of Your Mental, Emotional, Physical & Financial Destiny!* (New York: Free Press, 2003); Anthony Robbins, *Unlimited Power* (New York: Free Press, 1986).

A descarga energética é intensíssima e exponenciada com a receção igualmente frenética do público quando Tony Robbins aparece diante da multidão esfuziante.

Resulta.

Resulta porque eu próprio faço estes pequenos saltos no minitrampolim na última fase do meu roteiro diário de exercícios e faço-os também antes de iniciar palestras para grandes audiências.

Resulta.

São todos estes detalhes que me permitem estar sempre ao meu mais alto nível de concentração e de capacidade de trabalho, na medida em que fico incrivelmente bem preparado para trabalhar.

Estes hábitos de alta *performance* podem ainda beneficiar imenso da meditação, e exatamente por isso encerro as *early routines* com 10 minutos de prática meditativa. Uma *app* específica (*Relax Melodies*) permite colocar o som de uma flauta acompanhada com o barulho das ondas do mar, por exemplo, durante esse período exato de tempo: consigo focar-me na meditação e assim preparar-me para o dia.

É necessário cumprir todos estes hábitos diariamente e fazê-lo com determinação e, atrevo-me até a escrevê-lo, a fazê-lo com alegria, mesmo que muito pontualmente o período possa ser abreviado devido a alguma circunstância imprevista.

Costumo tomar o pequeno-almoço em 10 ou 15 minutos. Procuro comer bolachas marinheiras, queijo *light* e fruta, sabendo que *peco* com o café com leite que continuo a adorar. É um hábito cujo significado estou ainda a descobrir, se é bom ou mau, mas na certeza de que este hábito antigo dirá algo sobre mim próprio e que, portanto, também contribuirá para aquilo que sou e para a minha *performance* como pessoa e como líder.

Como sei que neste período do dia consigo estar altamente focado, prescindo da televisão e das redes sociais para ler e estudar durante o pequeno-almoço. Bem sei que parecem ser apenas 10 ou 15 minutos, mas são leituras totalmente alinhadas com as minhas preferências e são leituras diárias que se acumulam ao longo de todo ano.

A acumulação destes minutos em assuntos de utilidade concreta gera imensos benefícios na construção do conhecimento. Imaginemos, por exemplo, 15 minutos por dia a estudar e ler: podemos somar mais de 91 horas no final do ano.

É um tempo altamente profícuo porque uso a aplicação *Feedly* para selecionar os autores e os temas da minha preferência. É o meu *jornal* à moda antiga: a *app* escolhe por mim e para mim diariamente aquilo que eu pretendo ler. Tornou-se num bom hábito porque são conteúdos que contribuem diretamente para mim, para os meus gostos pessoais e necessidades profissionais, porque fui eu que escolhi os temas.

Estas leituras aumentam imenso o meu conhecimento e ajudam-me a especializar-me nos assuntos mais importantes.

Sei também por isso que o meu trabalho aumenta de qualidade.

A caminho da PHC

Quando chego à PHC, provavelmente por volta das 10h15, já estou totalmente disponível e preparado para dar o meu contributo em todas as outras questões da empresa.

Estou pronto para servir a equipa. É um hábito que desenvolvi e que me permite ter dias mais produtivos.

Tento preservar e renovar esta energia fazendo uma refeição ligeira a meio da manhã e depois a meio da tarde. Por um exemplo, um punhado de frutos secos sem sal, um queijo fresco ou *light* ou uma peça de fruta, podem ser determinantes.

Consigo evitar chegar à hora da refeição esgotado e cheio de fome.

Tenho o cuidado de fazer do almoço a principal refeição do dia e isso levou-me a superar alguns tabus. Será, de facto, o pequeno-almoço a refeição mais importante do dia?

Não é.

O livro de Daniel Pink explica de forma fundamentada a importância do almoço no nosso ciclo diário em termos de desgaste e de recuperação energética[36] e esvazia a ideia errada da sacralização do pequeno-almoço. Esta ideia de o pequeno almoço ser a refeição mais importante resulta essencialmente da megacampanha mundial desenvolvida pelo *marketing*

---

[36] Daniel H. Pink, *When: The Scientific Secrets of Perfect Timing* (New York, Riverhead Books, 2018).

da Kellogg's para vender mais cereais. Ficou assim criado um mito que se manteve até aos dias de hoje.

Os momentos intermédios entre o pequeno almoço (que é importante) e o almoço (que é imensamente importante) são vitais para renovar a energia através de uma alimentação equilibrada, que possa ajudar a completar o ciclo até ao momento do almoço e do jantar.

É um hábito de alta *performance*: saber parar para recuperar a energia.

Basta recordar o exemplo dos juízes norte-americanos que perdiam capacidade de decisão devido ao cansaço provocado pela falta de água e de açúcar derivado das jornadas de trabalho ininterrupto. Mal hidratados e insuficientemente alimentados, os juízes tomavam progressivamente mais decisões de pior qualidade. É por isto que tenho sempre 15 minutos de tempo livre entre cada reunião.[37]

É também um hábito a ter em conta: utilizar os momentos das refeições para trabalhar noutras dimensões da liderança.

Tento almoçar regularmente com pessoas diferentes das equipas da PHC para cultivar relações saudáveis de trabalho e abordar assuntos que não estejam estritamente relacionados com trabalho.

São momentos para conversar, e quando conversamos estamos a criar laços que terão consequências em todas as outras dinâmicas inter-relacionais.

Senti vontade de partilhar estes hábitos (preservando expressamente todas as outras dimensões da minha vida pessoal) porque consigo obter excelentes resultados profissionais e pessoais. Acredito nos seus efeitos. Os bons hábitos são uma ferramenta importantíssima de equilíbrio e julgo que ainda posso revelar mais um ou outro aspeto de caráter mais familiar.

As famílias são fundamentais para todos nós.

Tento por isso regressar a casa o mais cedo possível, mas sabendo que raras vezes consigo fazê-lo antes das 19h30. É pouco tempo, e por ser pouco tempo faço com que seja tempo de qualidade. É um hábito incrível que devemos preservar e conseguimos fazê-lo criando regras simples, como preservar esses momentos de jantar.

Na nossa casa, não existem quaisquer distrações eletrónicas durante esse tempo para que possamos conversar genuinamente em família.

---

[37] Cf. Capítulo 1 – Foco, o segredo do sucesso e da felicidade.

Talvez tenha aqui de fazer uma confissão: pode acontecer que sejamos impulsionados a ligar a televisão para assistirmos a um jogo de futebol da nossa equipa – e somos todos adeptos do mesmo clube.

Os resultados destes hábitos são extraordinários, mas exigem uma forte disciplina porque só uma forte disciplina permite alcançar resultados de elevadíssima *performance*.

Em rigor, os meus hábitos não começam quando acordo, mas sim quando adormeço na véspera. Os ciclos de sono são fundamentais. Importa dormir o tempo suficiente e dormir bem.[38]

Sigo estas rotinas entre as segundas e as quintas-feiras, na medida em que reservo as sextas para trabalhar de forma diferente: em casa.

É neste dia que resolvo os assuntos mais exigentes, estudo os dossiers mais complexos e respondo aos *e-mails* que exigem maior reflexão.[39]

Também criei um novo hábito, que julgo perfeito para este dia da semana.

Começo as manhãs a jogar golfe com um pequeno grupo de amigos, mas jogamos apenas durante 90 minutos, ou seja, 9 buracos. O jogo acaba por contribuir imenso para o meu processo de foco e ajuda-me a estruturar o meu pensamento para as restantes horas do dia. As pessoas da minha equipa dizem-me que é neste dia que recebem mais *e-mails*...

Creio que têm razão.

É o dia em que estou totalmente focado nos assuntos mais exigentes e, portanto, é quando tomo mais decisões importantes.

Isto também significa que só trabalho ao fim-de-semana em circunstâncias muito específicas. As decisões que alguns gestores optam por tomar nesses dois dias, por estarem menos expostos às solicitações quotidianas da gestão, podem assim ser tomadas às sextas-feiras com uma reorganização dos hábitos.

Aos fins-de-semana, altero as rotinas dos exercícios para longas caminhadas nas manhãs de sábado e domingo, com pausas regulares para fazer pranchas e alguns momentos de meditação.

Confesso que se trata ainda de um hábito em construção, mas esforço-me para que um dos dias de fim de semana seja para não fazer exata-

---

[38] Cf. Capítulo 1 – Foco, o segredo do sucesso e da felicidade.

[39] Cf. Capítulo 1 – Foco, o segredo do sucesso e da felicidade.

mente nada do ponto de vista intelectual. Estar com a família, assistir a concertos com regularidade, chamar os amigos para comer e conversar.

É um tempo sem *e-mails*, sem notificações, sem preocupações.

Domingo à noite, preparo a agenda para a semana que se inicia, e se houver alguma tarefa ou decisão de grande importância para executar, reservo um espaço concreto para fazê-lo.

Decido antecipadamente o momento em que irá acontecer e fico assim liberto daquela sensação opressora do *tenho de fazer aquilo*.

Sei quando terei de fazê-lo.

O desafio da gestão do tempo

Talvez possamos perguntar a nós próprios, como conseguimos equilibrar as nossas vidas quando o tempo parece ser insuficiente para as inúmeras coisas que temos de fazer?

Como equilibro a minha vida quando me falta tempo?

Podemos começar por aqui: temos tempo e tempo suficiente.

Uma semana tem 168 horas, digamos que dormindo 8 horas por noite, consumimos 56 horas dessa *semanada* a dormir e outras 50 a trabalhar. Continuam a sobrar imensas horas. O que fazemos com essas 62 horas? Como gastamos esse tempo? Não sabemos.

Não sabemos como gastamos o tempo, mas conhecemos bem a perceção da semana que *voa* sem darmos por isso.

Como é possível?

Porque gastamos mal o tempo.

Permitam-me só mais este número: as notícias televisivas podem consumir mais de sete horas da nossa semana, o que já por si é brutal no total das 168 horas que temos. Somemos ainda o tempo utilizado nas redes sociais. Quanto tempo soma tudo isto? E se acrescentarmos os efeitos: a esmagadora maioria das notícias são negativas e o negativo capta a nossa atenção três vezes com mais impacto.[40]

---

[40] Já abordei a questão o problema do chamado *Fear of Missing Out* (FOMO) e repito: não há que recear estar momentaneamente fora dos círculos de informação se levarmos uma vida com significado.

O que sobra das 168 horas e porque gastamos tanto desse tempo com notícias que simplesmente nos puxam para baixo?

E se uma parte apenas desse tempo fosse utilizado, por exemplo, para lermos livros ou artigos com impacto direto na nossa vida profissional?

O que poderíamos aprender em todas estas horas?

Até onde poderíamos ir?

Qual seria o nosso posicionamento profissional um ano depois?

Existe um exercício que nos permite verificar como gastamos as nossas 168 horas semanais. É um exercício que começa por exigir *autoconhecimento,* mas com excelentes resultados através de práticas de *introspeção*.

Como não sabemos como gastamos o tempo, podemos começar por escrever tudo o que fizermos hora a hora, dia a dia, durante uma semana inteira. Os resultados são surpreendentes e extraordinários, e podemos depois ir substituindo os maus hábitos pelos bons.

Essa tarefa pode ser extremamente difícil, mas os exercícios de meditação são uma excelente ferramenta para conseguir fazer a mudança e beneficiar dos seus resultados.

Aprendizagem contínua

Os meus hábitos de alta *performance* incluem ainda assistir com muita regularidade a palestras e seminários, na medida em que, mesmo lendo diariamente sobre os assuntos que me interessam, a minha presença nesses momentos representa por natureza um período de foco e de aprendizagem.

Estou mais recetivo a aprender, e já se realizam inúmeras conferências de nível mundial em Portugal com *keynote speakers* de elevadíssima qualidade.

Mantenho a minha presença também em várias conferências mundiais, nomeadamente a conferência *Business of Software* direcionada para gestores de *software-houses*. Realiza-se em Boston, nos Estados Unidos, e são literalmente três dias de aprendizagem e que no regresso faço questão de partilhar com a equipa.

É um dos investimentos com maior retorno para mim.

Os melhores gestores de todo o mundo partilham as experiências das suas empresas, o que correu bem e o que correu mal. O que me permite trazer todos os anos para a PHC ideias inovadoras que começam a fazer o seu caminho nos Estados Unidos e na Europa ainda são totalmente desconhecidas.

Mas é preciso recuperar a energia

Para estar em alta *performance* potencialmente esgotante durante 3 meses ininterruptos necessito de fazer *shut down* completo durante 1 semana. Esta semana de férias de 3 em 3 meses é determinante para os meus resultados profissionais e para o meu *life balance*.

Posso aguentar até duas semanas de férias, mas sei que quebra o meu ritmo.

Optei pelas férias regulares e repartidas e optei também por evitar a negatividade de algumas situações e da proximidade com algum tipo de pessoas.

São as chamadas pessoas tóxicas; e todos nós as conhecemos.

São pessoas que só sabem reclamar de tudo e veem nos outros todas as causas dos seus males.

Querem fazer essa energia passar para as pessoas que caem no erro de as ouvir. Para nós.

Tento evitar estar perto de pessoas tóxicas porque recuso aceitar essa transferência de energia negativa, na medida em que tornaria impossível cumprir o meu propósito: gozar a vida e fazer com que as pessoas que estão à minha volta também a gozem.

Para todos que pretendem cumprir também o seu propósito, deixo uma sugestão: doses reduzidas de pessoas tóxicas e cautela com calças de caqui.

Três ideias a reter:

- Um gestor não se pode esquecer de desfrutar a vida;
- Desenvolver um ciclo anual de aprendizagem;
- Eliminar a poluição das pessoas tóxicas.

PARTE II

COMO GERIR MELHOR AS OUTRAS PESSOAS

CAPÍTULO 3
LIDERAR PESSOAS

Criar condições para que os obstáculos sejam removidos

«O líder, para ser bom, deve ser preguiçoso.»
RICARDO VARGAS

A figura de marfim não fala, mas se falasse estaria a gritar qualquer coisa como «Cuidado! Um leão!». A figura tem cerca de 32 000 anos e foi encontrada na Alemanha, na gruta de Stadel. Diz muito sobre a nossa natureza e sobre a importância decisiva da comunicação. Simboliza a revolução cognitiva e ilustra a capacidade dos seres humanos para interpretarem a linguagem, conceptualizar significados e estruturar decisões em função da compreensão da mensagem.[41]

Se a vantagem da comunicação foi tão decisiva para evolução da espécie humana na competição pela sobrevivência, como poderemos ignorar este fator na competição entre empresas?

Precisamente: não podemos.

Não podemos porque saber comunicar tornou-se numa característica diferenciadora dos líderes de excelência e um fator decisivo para o sucesso e o insucesso das organizações.

Se a figura falasse, hoje estaria a dizer: «Cuidado! Está ali um líder que sabe ouvir!».

Comecemos por uma evidência. Em regra, os líderes recebem *feedback* enviesado pelo receio que as pessoas podem ter em desagradar. Isto acontece por diversas razões, seja devido a eventuais interpretações erradas, pela motivação pessoal que oculta outros interesses ou apenas devido às próprias circunstâncias quanto à proximidade de eventos influenciadores.

Talvez devesse ter começado por outra evidência: dizendo o contrário, os líderes habitualmente não apreciam receber *feedback* negativo e tendem a mostrar-se recetivos apenas aos comentários positivos.

---

[41] Yuval Noah Harari, *Sapiens: A Brief History of Humankind* (New York: Random House, 2014).

Estes líderes são uma espécie em vias de extinção: não sabem ouvir.

Aqui chegados, podemos concordar que o *feedback* costuma estar longe da verdade e pode até ser falso, ainda que sem dolo, diga-se. Mas se os líderes não podem dispensar o *feedback*, na medida em que têm de se adaptar às dinâmicas para obter bons resultados, o que podem então fazer para aprenderem com o que ouvem?

Primeiro: todos devemos pedir *feedback* e devemos estar disponíveis para ouvir mesmo aquilo de que não vamos gostar. O que exige discernimento e capacidade de escuta ativa. Caso contrário, as pessoas recusam dar *feedback*, quando quem mais ganha com isso é precisamente quem ouve. Eu aprendi a encarar o *feedback* como um presente, mesmo quando é negativo.

Se foi fácil? Nem por isso. Ainda hoje tenho de trabalhar este aspeto. Sei que estou longe da perfeição, mas estou disponível para ouvir e melhorar continuamente. Aliás, a minha mulher é uma dupla testemunha desse esforço: por um lado, porque tem a coragem de me corrigir; por outro, porque prometeu continuar a fazê-lo para que eu possa continuar a trabalhar este (mau) hábito.

Não é fácil receber e incorporar *feedback*, mas eu procuro estar atento à sua importância, esforço-me para ser cada vez mais discernido e estar cada vez mais preparado para concretizar o que oiço. Penso que beneficio bastante do facto de a PHC ter conseguido criar boas condições para o desenvolvimento de um sistema que permite que todos possam dar e receber *feedback*.

Este sistema 270 graus traduz-se em avaliações e autoavaliações semestrais que incluem uma bateria de parâmetros sobre competências, atitudes e valores, tendo como guia de orientação a matriz de valores da empresa, a que chamamos de **PHC DNA**. Um colaborador da PHC consegue assim obter *feedback* das chefias, da equipa e dos seus pares sobre as questões essenciais do seu desempenho. Embora não tenhamos batizado este sistema, talvez faça agora sentido designá-lo, com ironia, certamente, «*feedback* aparece», em homenagem a todas as pessoas tímidas e que sentem dificuldades em manifestar a sua opinião em estado puro sem algum tipo de intermediação.

O «*feedback* aparece», sim, aparece, mas concordemos que terá depois de ter alguma utilidade.

O que podemos fazer com ele?

Podemos começar por assumir que, ambicionando ser profissionais rigorosos e exigentes, focados nos resultados de excelência, o *feedback* representa para todos nós uma ferramenta fundamental para montar um plano de ação que responda às necessidades identificadas em termos de comportamentos e de hábitos.

É um caminho para a melhoria que deve ser percorrido com determinação e persistência principalmente em ambientes de sucesso empresarial.

O sucesso pode ser uma doce ilusão. Em algumas circunstâncias, parece que se tornou fácil atingir objetivos, e quando tudo aparenta ser fácil, a natureza humana tende a deslizar para o acomodamento. É um dos maiores perigos para as empresas e o segredo está na capacidade de os líderes irem transformando o importante em urgente.

Tudo o que é importante para a empresa deve passar a ser urgente, por exemplo, através da necessidade de atingir determinados KPI (*key performance indicator*) por representarem objetivos muito importantes, ou estabelecendo *deadlines* que tornam a tarefa urgente por força do aproximar de um prazo que assim confere velocidade aos processos e impede que o sucesso se traduza em acomodação.

A ativação deste género de técnicas de liderança permite-nos transformar o importante em urgente e gerir o sucesso com prudência.

Liderança de serviço

As múltiplas dimensões da liderança representam uma das maiores preocupações na gestão das organizações. Basta ter em consideração que entre 66 a 70% das pessoas que abandonam as empresas fazem-no por motivos diretamente relacionados com as suas chefias, ou seja, por alguma coisa que fizeram ou deixaram por fazer. A liderança não se trata de uma questão inata, pelo contrário, estou convicto de que existem técnicas que podem ser ensinadas e executadas para desenvolver as características de liderança. O que desde logo exige autodisciplina na aprendizagem e depois na sua aplicação.

Um líder define-se pela sua capacidade de colocar as pessoas a darem o seu melhor e essas pessoas sentir-se-ão felizes por fazê-lo.

Mais do que ser carismático ou um excelente comunicador, um líder deve ser capaz de criar condições para que os obstáculos sejam removidos e essa remoção pode não depender da sua intervenção direta. Esta necessidade de o líder saber tornar-se inútil significa que uma liderança de serviço dispensa a sua presença constante para que as coisas aconteçam.[42]

Quero com isto dizer que um líder será tão melhor sucedido na sua liderança quanto as equipas sejam capazes de pensar, decidir e executar autónoma e responsavelmente. Quem faz a diferença são as equipas em conjunto e não o líder individualmente, mas não será por acaso que este conceito tem subjacente uma ideia de arte.

É preciso saber *ser inútil.*

A aprendizagem começa com o saber sair do caminho, e isso exige que os modelos de tomada de decisão estejam descentralizados no nível mais adequado da hierarquia da organização.[43] É exatamente o oposto do que verificamos nos modelos mais conservadores, que forçam as decisões a passarem pelos níveis mais elevados ou, ainda pior, não clarificam quem deve assumir a decisão, e quando existem dúvidas, as decisões tendem a subir ao nível mais alto de responsabilidade.

Já partilhei em alguns círculos que ser preguiçoso pode ser fabuloso na gestão, mas tendo o cuidado de advertir que a conquista desse direito exige um imenso trabalho.

É necessário pensar e construir todo o esquema de decisão, definir os correspondentes fluxos de trabalho e atribuir níveis de responsabilidade perfeitamente adequados. É necessário fazer as coisas darem certo.

Uma liderança de serviço pressupõe uma definição inequívoca sobre quem toma as decisões e quais os seus limites. Esta responsabilização individual exige um ambiente favorável ao seu funcionamento, para que as pessoas saibam e queiram tomar decisões e com isso se sintam mais envolvidas na organização.

Talvez possa aqui acrescentar: para que todos, nas nossas tarefas, nos sintamos envolvidos na construção de algo maior; como na construção de uma catedral partir pedra serve um propósito maior, também numa

---

[42] Ricardo Vargas, *A arte de tornar-se inútil* (Lisboa: Gradiva, 2004).

[43] Ferriss, *The 4-Hour Work Week.*

empresa as nossas tarefas. Cabe ao líder explicar, lembrar e reforçar a importância de cada um para que a "catedral" seja uma realidade.

Julgo que a minha aprendizagem pessoal permite-me recomendar a todos os líderes que comecem por definir muito bem quem deve tomar decisões nas suas organizações, quais as decisões em causa e quais os seus limites. Permitam-me este exemplo: um *account manager* pode estar autorizado a atribuir desconto de um produto até certo nível, a partir do qual a decisão passa para o líder da equipa. Se estiver em causa um desconto com um impacto ainda maior, a decisão é transferida para o diretor do departamento. A administração será apenas envolvida em circunstâncias extremas e apenas se estiver em causa não somente um desconto, mas a própria oferta do produto.

O que significa que é raro eu ser envolvido em inúmeras decisões dessa natureza e que essas decisões são tomadas no nível certo. Eis uma demonstração de que posso ser competentemente inútil, na medida em que as pessoas que tomam decisões sobre descontos sentem-se responsabilizadas pelo facto dessas decisões terem impacto nas suas remunerações. As decisões são assim boas porque são tomadas no nível adequado de responsabilidade.

O sucesso deste modelo implica uma considerável tolerância relativamente ao erro experimental e a tolerância ao erro implica por sua vez paciência. Quando o erro acontece, e os erros acontecem, os líderes devem revelar-se suficientemente pacientes para que as pessoas que erraram possam aprender e reintegrar o erro no seu comportamento futuro. Espero que eventuais leitores mais suscetíveis sejam pacientes e tolerantes quando eu disser que temos poucos líderes e demasiados mandões no Mundo.

A diferença entre uma reação paciente e impaciente pode durar apenas uns breves segundos, mas são esses segundos que irão determinar se as pessoas que erraram serão capazes de voltar a tomar decisões ou se irão mergulhar numa espiral paralisante de indecisão.

A PHC organiza por isso regularmente programas de formação de líderes e consolida esta dinâmica com múltiplas ações de experimentação para que todas as técnicas estejam enraizadas e possam ser utilizadas em permanência. Desenvolvemos dias de *offsite* para os líderes, formação comportamental e técnica, etc.

Os líderes que perdem a capacidade de ser inúteis tomam todas as decisões e esvaziam as suas equipas. Uma equipa com poder de decisão centralizado não escala. Gera mais cansaço individual e desgasta fatalmente os níveis de confiança das restantes pessoas. É uma armadilha que exige muita atenção. Os líderes são determinados pelo seu comportamento e alguns (aparentes) detalhes são decisivos nessa avaliação.

As virtudes da pontualidade

A pontualidade é um excelente marcador de uma boa liderança e a boa pontualidade pode ser ilustrada com a chegada cinco minutos antes da hora prevista. Sei que parece apenas um detalhe, mas estou absolutamente convicto de que se trata de uma das mais importantes características de liderança para projetar rigor. Um atraso de cinco minutos, somado por todas as pessoas que são forçadas a esperar, resulta em prejuízos consideráveis para as empresas, na medida em que a empresa está a pagar os vencimentos de todos os intervenientes que estão à espera sem produzir o que poderiam.

É tempo perdido e o tempo custa dinheiro.

Um estudo efetuado pela administração do metropolitano de Londres demonstrou que entre todos os investimentos que podiam ser feitos, incluindo aspetos de segurança e remodelação e compra de novas carruagens para aumentar o conforto do transporte, os utilizadores manifestaram-se fortemente favoráveis à colocação de dispositivos de informação sobre os tempos de espera.

Saber quanto tempo falta para a chegada de um comboio introduziu previsibilidade e reduziu a ansiedade da espera.[44]

Um líder com comportamentos de pontualidade transmite inúmeras mensagens às suas equipas, desde logo, rigor, respeito e compromisso. É um líder que se respeita e respeita os outros. O elogio da pontualidade

---

[44] Samuel Warren Hickey, «Improving the estimation of platform wait time at the London Underground», Massachusetts Institute of Technology, June, 2011. Ver também Edgar Elías Osuna, «The psychological cost of waiting», *Journal of Mathematical Psychology*, vol. 29, Issue 1, March 1985, pp. 82-105.

é invulgar nas culturas mediterrâneas, mas temos de torná-la não apenas um bom hábito, mas um hábito exemplar.

A ansiedade provocada pela espera aumenta a possibilidade de estados de *overthinking* e exponencia a vulcanização dos pequenos em grandes problemas.

Esperar sem sentido provoca frustração e contamina as dinâmicas de relacionamento profissional e social, isto é, a falta de pontualidade tem um forte impacto na organização das empresas. O que torna necessário criar mecanismos dissuasores desses comportamentos e atuar mediante uma escala de razoabilidade.

Um atraso pontual a uma reunião pode ser marcado com uma salva de palmas quando a última pessoa está a tentar entrar discretamente na sala e subitamente se vê como o centro das atenções pela negativa. Uma repetição justifica uma repreensão oral após a reunião, que pode até ser simpaticamente formulada como um pedido de gratidão para que a situação não se repita. Porém, nos casos em que existe o risco de o atraso se tornar padrão, importa que essa repreensão seja feita perante todos os presentes e no tom que a paciência determinar naquele momento.

É uma forma eficaz de evitar que se entre no último nível de tolerância.

A falta de pontualidade é um assunto demasiado importante para ser tolerado, e quando a situação se torna numa ameaça para a estabilidade das equipas, essa pessoa deve ser impedida de entrar nas reuniões, na medida em que os seus atrasos reiterados revelam falta de rigor e falta respeito para com os outros e para com a empresa. Nestas circunstâncias, a tolerância deve ser zero.

Eu adotei para mim próprio o conceito de pontualidade baseado num livro de aventuras sobre os chineses de Hong Kong que li na minha juventude: pontualidade é chegar cinco minutos antes da hora marcada[45]. O que significa que a célebre pontualidade britânica, que exige chegar à hora exata, já constitui um atraso. Do mesmo modo, os igualmente célebres, mas pelas piores razões, quinze minutos de tolerância aceites em Portugal, já me dispensam de qualquer adjetivação.

Respeitar a pontualidade torna os líderes mais confiáveis em todas as outras dimensões profissionais, na medida em que as suas equipas acre-

---

[45] James Clavell, *Tai-Pan* (New York: Atheneum, 1966).

ditam genuinamente neles, no que fazem, no que dizem, nos objetivos que estabelecem e nas suas capacidades de mobilização.

Acredito convictamente que os comportamentos individuais são vitais no sucesso ou insucesso das organizações, mas, infelizmente, a padronização do *enough is enough* tornou-se uma marca cultural generalizada em países latinos e tão bem expressa no adágio popular «para quem é, bacalhau basta».

É a negação do rigor e da exigência.

Num passado próximo, podiam existir incontáveis empresas medianas a operar com base no «bacalhau basta», desde que os serviços prestados e os produtos fossem *good enough*. Uma empresa que fosse apenas boa distinguia-se de imediato e obtinha resultados muito superiores a todas as outras que se nivelavam pela mediania do «bacalhau basta».

A realidade mudou.

Empresas e líderes medianos têm raríssimas hipóteses de sobreviver, já que aumentou exponencialmente o número de empresas e de líderes de muita qualidade. O que significa igualmente que a distinção passou a ser feita pela excelência enquanto fator decisivo de competitividade. Algo que se tornou ainda mais relevante num mundo global.

De uma maneira ou de outra, todos sabemos que é difícil atingir e manter níveis de excelência, mas existem ferramentas para aprender a executar com base em comportamentos e atitudes de rigor e de exigência. Desde logo, o líder. É fundamental que seja rigoroso e exigente consigo próprio para que possa ser um modelo para todos os outros.

Os líderes rigorosos e exigentes inspiram as suas equipas a seguir o mesmo caminho.

O líder que pensa que o que apregoa é mais importante do que faz, é um mau líder. Primeiro porque as palavras também são ações, depois porque o seu comportamento não dita o exemplo. Talvez eu possa dizer que não é um líder no sentido pleno. O importante é que o líder faça o que pretende que os outros também façam; que essa liderança seja exercida como um exemplo.

O rigor e a excelência distinguem os bons líderes e as boas equipas, e elevam os resultados para patamares de excelência.

É também por isso fundamental proteger os comportamentos de excelência, na medida em que, demasiadas vezes, geram impopularidade.

É um facto difícil de digerir, mas a excelência também desagrada e precisa de ser protegida. Eu próprio tive essa experiência negativa noutras empresas e senti-me discriminado por colegas que não toleravam o fato de eu trabalhar mais e trabalhar focado no rigor e na excelência e de ser reconhecido publicamente pelas minhas chefias.

O *bullying* laboral existe e deve manter os líderes atentos aos ambientes das suas organizações.

Ao falar em proteção estou a pensar desde logo na proteção da própria pessoa, no sentido de ajudar a lidar com a impopularidade, a identificar comportamentos suscetíveis de radicalizar as situações e ensinar técnicas de correção e de neutralização dos efeitos negativos. Isto, sem nunca deixar de fazer a sua defesa perante todos. Proteger líderes impopulares significa ajudá-los a aprender técnicas para preservar o rigor e a excelência sem criar fossos insuperáveis com as equipas.

Saber delegar

Como controlar sem microcontrolar? Talvez seja uma das artes mais importantes em liderança e que deriva da capacidade de saber delegar (delegar bem) para que todas as pessoas se possam apropriar das tarefas e dos resultados dando o melhor que têm de si próprias.

A delegação de tarefas pode ser apenas traduzida numa transferência responsável de poderes no processo de execução. Talvez possa explicar melhor esta ideia. Cabe ao líder decidir o que pretende que seja feito, isto é, «o que se pretende?» e «porque o vamos fazer?», mas deve ser dado o devido *empowerment* à pessoa que assume a execução para que decida «o que dizer e como fazê-lo?»

Delegação eficaz de tarefas	
Líder	**Membro da equipa**
Decide o que é pretendido e explica porque será feito.	Decide como será feito e executa.

A decisão de «como fazer?» corresponde a uma responsabilização de quem executa e, dessa forma, essa pessoa poderá sentir-se mais envolvida e mais motivada para tomar boas decisões que correspondam às expectativas de «o quê?» e do «porquê?».

Se o leitor estiver a sentir um *flashback* ao longo destas linhas significa que ainda terá presente a metáfora da catedral. Sendo assim, julgo que estarei dispensado de voltar a explicar. O leitor já sabe do que se trata em termos de motivação. Posso apenas reafirmar que só pode delegar bem quem sabe responder previamente ao «o quê?» e ao «porquê?» para que o «como?» seja bem executado.

A eficácia desta metodologia pode (deve) ser aferida na conclusão do processo, isto é, quando se verifica uma sintonia nas respostas entre «o que» deve ser executado e «o porquê» com o «como» foi executado. A «entrega» exige uma posterior análise para se garantir que a execução foi rigorosa e exigente e que os resultados são por isso de excelência. Uma análise que permite também aprender com o processo através do reconhecimento do que foi feito e assim introduzir eventuais melhorias em idênticas circunstâncias.

Acredito que esta metodologia acrescenta uma outra vantagem: permite que as pessoas entreguem o melhor de si próprias. O sentimento de pertença ao processo e a autonomia para tomar decisões traz consigo o reconhecimento do mérito no momento do *debrief*.

Esta imagem será certamente familiar: basta pensarmos no que sentem os nossos filhos quando pedimos, por exemplo, que arrumem o quarto, e são depois elogiados por o terem feito quando verificamos que o fizerem bem, ao invés de pedirmos a arrumação e nem nos darmos ao trabalho de a verificar. Nestas matérias, os pais são gestores exemplares.

Toda esta genuinidade nos processos educativos familiares quando é aplicada às organizações pode trazer imensos ganhos pessoais e coletivos. Permite controlar, mas sem microcontrolar.

Tenho aqui de advertir para os imensos perigos do excesso de controlo mesmo que camuflado em processos de monitorização.

O excesso de intervenção nos momentos de «como?» provoca um sentimento de desresponsabilização, na medida em que ocorre uma transferência de responsabilidade para quem, simulando delegar tarefas, continuou a interferir sistematicamente na sua execução.

O microcontrolo retira velocidade às empresas porque acrescenta obstáculos quando a velocidade é cada vez mais um fator decisivo para o sucesso. Pior: o microcontrolo é uma doença silenciosa porque os maus resultados são posteriormente atribuídos a inúmeras causas e raras vezes ao ponto nevrálgico: falta de velocidade e de responsabilidade nos processos.

É verdade que a revolução cognitiva já trouxe a espécie humana bastante longe, mas convém não repousar sobre as conquistas e aceitar que a aprendizagem é um processo contínuo e inacabado. Compete-nos continuar a evoluir, aceitando os riscos e aprendendo com os nossos erros ou falhanços. Existem muitos outros «leões» por aí. Cuidado.

Três ideias a reter:

- *Feedback* deve ser levado a sério;
- Todo o líder deve aspirar a ser inútil;
- Chegar "a horas" é chegar cinco minutos adiantado.

CAPÍTULO 4

ATRAIR, RETER E VALORIZAR O TALENTO

Os novos clientes da gestão moderna

«The key attributes of sustained success don't live in the product. The key attributes live in the user.»

KATHY SIERRA

É natural que os estudantes se sintam incrédulos quando o professor os incita a rasgarem as páginas dos seus livros. Os espectadores sentem a mesma estupefação e nem livros têm nas suas mãos. Estamos culturalmente habituados à ideia de que os livros são invioláveis e nas escolas chegam a ser sagrados. Os estudantes hesitam muito antes de se atreverem a fazê-lo dentro da sala de aula, mas um após outro começam a rasgá-los: primeiro, timidamente; mas depois com um entusiasmo libertador.

É uma heresia que liberta. Mas estes jovens estudantes não estão a rasgar livros. Estão a rasgar amarras para assumirem a sua individualidade e darem o melhor de si próprios.

O apelo de Robin Williams (o homem está muito para lá do professor John Keating) não representa uma insubordinação contra os livros ou contra a tradição, mas uma atitude metafórica para libertar o talento e as qualidades de cada um. Os estudantes libertam-se pela poesia e cada um deles poderá a partir desse momento potenciar o seu talento individual.

Eu senti a mesma estupefação que os estudantes da Welton Academy, mas 30 anos depois de ver o filme *Dead Poets Society*[46], pergunto-me: como podem os líderes de hoje identificar jovens talentos individuais e ajudá-los a potenciar as suas qualidades? Como podem atraí-los e depois mantê-los motivados quando já todos sabemos que os *millennials* gostam de mudar de trabalho com uma certa facilidade?

---

[46] A beleza estética e argumentativa de Tom Schulman pode ser também usufruída na obra de N. H. Kleinbaum, *Dead Poets Society* (New York: Hyperion, 2006).

Antes de partilhar algumas respostas sobre talentos, permita-me que comece por advertir que estes colaboradores são fundamentais para o sucesso das organizações e que os líderes já estão *obrigados* a desenvolver estratégias para atraí-los, retê-los e motivá-los. O talento precisa de atenção e isto é algo que devemos levar muito a sério.

A chave do sucesso está cada vez mais nas pessoas e quando me refiro aos colaboradores talentosos, na verdade estou a pensar nos supertalentos. Classifico-os como classe "A" e normalmente representam entre 5% a 10% do número total de colaboradores de uma empresa. São raros. Estarão certamente longe de ser *unicórnios*, mas o seu valor é enorme e igualmente incomum.

Os colaboradores classe "A" justificam plenamente a existência de estratégias focadas no seu recrutamento, retenção e valorização.

Sei que se trata de um tema poucas vezes abordado nas organizações. E, acima de tudo, pouco vivido de forma genuína e consequente. Talvez deva começar assim: por alertar que existem inúmeras empresas que estão a viver uma crise relacionada precisamente com a sua incapacidade de retenção do talento, e só depois desse alerta acrescentar que a retenção precisa de atenção.

É a primeira certeza que os gestores devem ter bem presente, que a retenção precisa de atenção, mas se ainda existirem dúvidas razoáveis quanto ao valor do talento, este número pode ajudar: em média, mais de 80% dos colaboradores atualizam regularmente os seus CV no LinkedIn.

A possibilidade de mudança é uma constante.

A retenção e a valorização tornaram-se por isso numa (híper)necessidade das organizações modernas que procuram a excelência. Um processo de substituição de talento pode custar duas vezes um vencimento anual, pela experiência que se perde e pelo tempo que demora a encontrar e a formar outra pessoa. Se estivermos a falar de um supertalento, é até provável que possa custar ainda mais à organização substituir do que a preservar o "A" entretanto perdido.

Não será necessário rasgar as suas páginas, mas os livros clássicos de gestão ainda repetem que manter um cliente custa dez vezes menos do que arranjar um cliente novo. Esta perspetiva imóvel do mundo está a mudar. As empresas deixaram de conseguir esconder o talento entre as suas paredes e o esforço que colocam na retenção dos clientes deve agora ser equivalente ao esforço que devem fazer para reter o talento dos seus colaboradores.

Os supertalentos são os novos clientes da gestão moderna. Os líderes que se estão a adaptar a esta realidade já sabem que são tão difíceis de atrair como de manter, na medida em que gostam de mudar com alguma frequência.

São os novos unicórnios da gestão. Ou seja, a atenção que era dada às jovens empresa estrela é hoje acompanhada pela importância dos talentos extraordinários.

Como podem então ser encontrados e atraídos?

E como podem as organizações retê-los?

É verdade que os supertalentos gostam de mudar para procurar novos estímulos, mas também precisam de segurança e de algumas garantias relativas ao seu posto de trabalho. Gostam de mudar, mas preferem ficar quando as organizações desenvolvem estratégicas focadas no seu desenvolvimento profissional e pessoal.

Sim, a retenção precisa de atenção e existem estratégias para reter os colaboradores supertalentosos.

Como reter super-talentos

1. Vencimento competitivo. Talvez muitos gestores já tenham ouvido os seus colaboradores mais jovens, os *millennials*, vamos aceitar essa etiqueta sociológica, elogiarem a chamada remuneração emocional quase que a colocando acima da remuneração financeira concreta. Eu escrevi quase. É verdade, temos de reconhecer que existe essa importantíssima valorização, mas a sua demonstração depende da existência de uma boa remuneração de base. É fundamental que exista um vencimento competitivo como ponto de partida para reter o talento e o supertalento. O vencimento competitivo deve ser encarado com transparência e muita atenção para que possa ser revisto regularmente. Deve estar adequado à *performance*, ao currículo e ao mercado, e sempre orientado pelo mérito – para evitar os sentimentos de injustiça de que se alimentam os ambientes silenciosos de desmotivação. O vencimento não pode ser um tabu. Não será por mero acaso que a generalidade das empresas norte-americanas apresentam os preços logo no início das suas propostas de negócio: sinalizam de imediato onde estão posicionadas nas negociações. É preciso aprender a falar de dinheiro. Os métodos de autoavaliação ajudam a superar essas dificuldades de comunicação dentro das organizações, por exemplo, permitindo que a relação entre o vencimento e o desempenho possa ser classificada pelo colaborador. É um sinal muito importante para que os líderes possam detetar eventuais insatisfações que, no limite, levem à saída da empresa. O segredo é fácil, mas de difícil execução permanente: comunicar, comunicar e comunicar. Se o supertalento sinaliza que o seu vencimento está abaixo do seu desempenho e das suas capacidades, é essencial que os líderes sejam capazes de interpretar o que pode significar para tomarem as decisões mais adequadas. Mas também é prioritário que os líderes sejam capazes de identificar estes casos de forma proactiva evitando e tomando medidas por antecipação;

2. **Cultura profissionalizada.** Trata-se de um elemento fundamental que deve ser levado muito a sério pelas organizações, ou seja, como é que a sua cultura é vivida no quotidiano pelos colaboradores e qual a sua capacidade de atração para novos talentos. Escrever os valores e os comportamentos aceites e não aceites na empresa é fundamental nos processos de decisão, na medida em que os talentos e os supertalentos manifestam fortes (e legítimas) preocupações com os ambientes de trabalho. Mas não basta atrair. É depois necessário reter e a retenção depende da valorização. Estou convicto de que o nosso sucesso tem um forte contributo do que na empresa chamamos de **PHC DNA**[47]. A profissionalização da cultura da PHC está adequada à modernidade e incorpora fatores decisivos, como a autonomia e a tolerância com o erro experimental. Assumimos os nossos valores como uma bússola inspiradora e não como um limitador de velocidade. Terei de repetir, mas creio que se justifica fazê-lo pela sua importância decisiva: tudo deve estar escrito para que se mantenha vivo e possa ser experienciado permanentemente. O **PHC DNA** vive-se todos os dias de forma profissionalizada e formalizada. Não é deixado ao acaso;

[47] Cf. Capítulo 6 – Como criar uma cultura de empresa.

3. **Liderança atenta.** Os líderes são fundamentais por aquilo que fazem e igualmente por aquilo que deixam por fazer. Devem estar permanentemente focados nas dinâmicas das suas equipas, incluindo os sintomas que apenas se manifestam por acumulação, caso do tédio resultante das tarefas repetitivas. É fundamental estar atento a estes sinais silenciosos e encontrar mecanismos dissuasores. A inércia fará certamente com que os talentos e os supertalentos acabem simplesmente por ir embora porque precisam de ser permanentemente desafiados. Os líderes devem aprender a desenvolver técnicas de retenção, por exemplo, falando regular e individualmente com cada um dos elementos das suas equipas para abordar com larga amplitude todas as questões consideradas pertinentes, desde a correção de comportamentos, que podem ter impacto no desempenho global da equipa, até à partilha de expectativas pessoais, ambições e sonhos. É um espaço de total liberdade. É um espaço facilitador da comunicação. É também por isso que as (boas) ações de *team building* continuam a ser uma ferramenta muito importante, desde que usadas com ponderação e focadas em resultados. As reuniões de equipa fecham este círculo virtuoso de comunicação e permitem aos líderes manter todos os elementos motivados e focados no bem comum. A liderança deve ser atenta e dinâmica;

4. **Condições de trabalho agradáveis.** Todas as pessoas têm de gostar do sítio onde trabalham para sentir vontade quando estão a trabalhar e também vontade para depois regressarem. As instalações devem constituir uma grande preocupação, na medida em que os pormenores podem ser (e são) determinantes. A existência de luz natural desempenha desde logo um papel decisivo no bem-estar das pessoas e no seu estado de espírito. É uma fonte de energia natural que deve ser obrigatoriamente considerada na organização dos espaços de trabalho; aliás, em sentido contrário, cito os *open space* excessivos, cujos efeitos negativos são imensos porque retiram o foco e criam uma perceção de permanente observação. As boas condições de trabalho passam ainda por dois detalhes igualmente importantes: articular a gestão do silêncio e a liberdade de divertimento. É fundamental rir com os colegas e partilhar estas emoções positivas em ambientes de trabalho, mas respeitando a importância do

foco individual. O segredo está no bom senso e no equilíbrio, mas estes surgem com naturalidade nos ambientes genuínos. Por fim, as copas: devem estar bem preparadas para os diversos tipos de alimentação, cada vez mais diversificados e importantes no desempenho pessoal e profissional. Para os talentos e supertalentos são fatores decisivos: como é que a empresa olha para mim e como responde às minhas necessidades? Se as empresas criarem condições concretas para esse bem-estar, a energia positiva gerada nesses ambientes terá repercussões altamente positivas em todas as dinâmicas da empresa.

5. **Reconhecimento constante.** O reconhecimento é essencial numa boa política de retenção de talentos e de supertalentos, mas o reconhecimento exige uma estratégia. Tem de haver um propósito. Os líderes das equipas devem ser formados para conseguirem obter o melhor desses colaboradores, começando desde logo pelo elogio público e pelo incentivo ao autoelogio, por exemplo, num ambiente mais intimista como as autoavaliações. O elogio ativa a autoestima e pode ser um fator de enorme relevância para o desempenho dos talentos e dos supertalentos, e também por isso deve assentar em critérios objetivos, por exemplo, através de definição de KPI concretos e de objetivos *smart*. Um sistema que introduzimos na PHC, e a que chamámos de **Thank U**[48], permite potenciar o elogio e destacar publicamente as pessoas cujos comportamentos traduzem um ou mais dos nossos seis princípios, e assim prestar o respetivo elogio público. É uma ferramenta essencial também para reter o talento e o supertalento. O mérito deve também ser reconhecido e elogiado na lógica dinâmica e exigente das *activity reviews*. Gostaria ainda de partilhar um alerta que pode ser mal compreendido, mas, em alguns casos, é mais indicado trabalhar com os supertalentos aquilo que têm de bom para serem ainda melhores, do que amarrá-los na melhoria do que fazem mal. É um equilíbrio difícil e que deve ser gerido com prudência para potenciar os aspetos positivos, mas a minha experiência leva-me à conclusão que na maior parte dos casos dos supertalentos, potenciar os aspetos positivos tem um efeito mais forte no desempenho do que tentar corrigir aspetos negativos congénitos. Os aspetos negativos devem ser

---

[48] Cf. Capítulo 6 – Como criar uma cultura de empresa.

trabalhados pelo próprio, possibilitando ações que possam mitigar a sua exposição.

6. **Comunicação interna eficaz.** Para que o elogio do mérito seja público, as organizações necessitam de uma estratégia de comunicação assente na valorização das pessoas. A PHC assume a ambição de que os PHCs sejam fãs da PHC e para que isso aconteça é fundamental que todos sintam que estão a trabalhar para um bem comum: a nossa catedral. O que exige que sejamos capazes de comunicar bem sobre o que estamos a fazer e o que pretendemos fazer. Começámos por retirar o peso do *e-mail* em favorecimento de uma rede colaborativa que responde às exigências das novas gerações, isto é, comunicamos entre nós com a eficácia de um Facebook, mas interno. É uma adaptação à modernidade: o que queremos saber deixou de estar na *inbox* para estar no *feed*. Em segundo lugar, a edição de uma comunicação mensal em direto, do que chamamos de Global Live Meeting, permite que durante 40 minutos a direção da PHC possa partilhar via *live stream* para os escritórios em todo o mundo novidades ao estilo de um telejornal sobre o que se está a passar dentro da empresa, o que estamos a fazer e porque estamos a fazer, o que queremos vir a fazer e porque queremos fazê-lo. Esta partilha reforça a convicção de que estamos todos envolvidos na construção da catedral e coloca em evidência a importância do contributo de cada um de nós no bem comum. Nesta perspetiva de abrangência, cada unidade tem também de apresentar mensalmente um *status report* para comunicar o que está a ser feito e o que pretende fazer. A PHC TV ajuda-nos depois a consolidar todos estes fluxos de informação, na medida em que partilhamos os mesmos conteúdos de diferentes formas, ou seja, cada ferramenta de comunicação interna responde às maneiras específicas de cada um de nós procurar informação. O talento necessita de saber o rumo coletivo para explorar as suas capacidades individuais e juntar o seu contributo à construção da catedral.

7. **Medir e reagir.** É preciso saber o que medir, como se está a medir e para quê. As boas decisões de gestão dependem da qualidade e do rigor da informação. Na PHC estamos totalmente focados nas pessoas e no desenvolvimento de mecanismos que permitam aferir se estamos

felizes[49], se estamos motivados, se estamos confortáveis com o ambiente de trabalho, se estamos satisfeitos com a colaboração de outros departamentos. A avaliação de satisfação gera padrões que nos permitem identificar o que está a correr bem e replicar esses focos positivos; ou intervir quando as situações exigem correções. Avaliamos a satisfação, avaliamos os departamentos e avaliamos os próprios líderes. As equipas avaliam-nos semestralmente em 60 pontos concretos e contribuem assim para uma melhoria do desempenho. Os líderes dispõem ainda de um *dashboard* que disponibiliza informação agregada sobre os diversos indicadores das suas equipas e podem assim trabalhar com dados objetivos na sua melhoria e na melhoria coletiva. É um mecanismo que tem de ser utilizado com inteligência e imenso bom senso para que seja virtuoso.

8. Investir no crescimento pessoal. Existem inúmeros aspetos que podemos melhorar individualmente, por exemplo, a atitude para a felicidade, a resiliência, a empatia. As organizações podem e devem trabalhar todas as dimensões dos seus colaboradores para que possam desenvolver as suas capacidades. A PHC disponibiliza vários programas de formação de comportamentos, *coaching*, *mentoring* e *mindfulness*, para que as pessoas possam crescer e sintam que a empresa se preocupa com cada uma delas. Os ganhos individuais e coletivos são imensos porque aprendemos a lidar melhor com inúmeras situações que surgem intempestivamente e exigem que tomemos boas decisões. A meditação, por exemplo, permite-nos desenvolver técnicas de foco na vida pessoal, mas que podem depois ser aplicadas no ambiente de trabalho, ou seja, podemos aprender a lidar com os problemas sem estar dentro dos problemas. É uma atitude de perspetiva que em muitas circunstâncias pode ser decisiva e de enorme relevância para a *performance* do talento e do supertalento.

9. Integração cuidada. A retenção do talento e do supertalento começa no primeiro dia. É fundamental que esteja tudo pronto quando estes colaboradores chegam ao seu novo local de trabalho, já que assim mostramos que estamos à sua espera e nos preocupamos com a importância do primeiro dia. É frequente chegarem com uma enorme ansiedade

---

[49] Cf. Capítulo 6 – Como criar uma cultura de empresa.

para mostrar trabalho e justificar a confiança. Pode ser contra produtivo. Importa primeiro dar toda a informação e formação necessária para que o processo de integração seja eficaz. Um primeiro dia espetacular garante um futuro promissor. Temos também um plano de apresentação da PHC que tem em conta inúmeros detalhes, por exemplo, sugestão de leituras, definição de uma madrinha ou de um padrinho que facilite a integração, ou a disponibilização de programas de formação, por exemplo, baseados na exposição. É uma estratégia, diria, *polémica* e que ainda está a fazer o seu caminho. Repare-se neste exemplo: quanto tempo será necessário para formar um especialista em, digamos, identificar o género sexual de pintainhos? Não parece, mas esta questão é decisiva em empresas que produzem milhões de animais e que necessitam de separar precocemente as fêmeas para que possam iniciar rapidamente a produção de ovos. Os técnicos dedicados a esta função pura e simplesmente não sabem ensinar como fazem esta distinção: simplesmente *sabem*. Uma dessas empresas tomou uma decisão simples: esses técnicos começaram a formar os novos recrutas respondendo simplesmente «sim» ou «não» à medida que estes escolhiam aleatoriamente as fêmeas. A aprendizagem por exposição através desse *feedback* relevou-se um enorme sucesso. Não é magia. É conhecimento baseado nas perceções[50]. Na PHC, este modelo tem sido experimentado com os programadores que executam as suas tarefas e são acompanhados por alguém, normalmente estagiário, que se limita a observar. Estamos a conseguir resultados promissores para alargar esta aprendizagem por exposição, que se diferencia da instrução por tutoria.

10. Recrutamento sofisticado. O que significa? A resposta é óbvia: significa escolher bem. É óbvia, mas não é fácil. Não é fácil escolher bem porque o talento e o supertalento têm de se encaixar naturalmente nos valores da empresa, mas sem abdicar dos princípios próprios. Como fazê-lo? A atratividade das marcas está tradicionalmente focada nos chamados clientes tradicionais e traduz-se numa promessa de cumprimento de um determinado produto ou serviço. Os tempos mudaram. A dinâmica da *employer brand* significa agora que estamos focados no

---

[50] Kathy Sierra, *Badass: Making Users Awesome* (O'Reilly Media: Sebastopol, 2015).

talento e no supertalento para que tenham uma expectativa concreta daquilo que lhes é proposto pela empresa. Podem de imediato incluir-se ou excluir-se. Criámos um conceito para o nosso recrutamento – **TRUE YOU** – que concretiza a ideia de que estamos focados nos colaboradores e nas suas capacidades de desenvolvimento. A enorme relevância da promessa da nossa marca no recrutamento dos "A" traduz-se na partilha através do nosso site da nossa cultura, dos nossos valores e dos nossos princípios, vídeos sobre os nossos ambientes de trabalho, testemunhos reais de colaboradores que permitem aos novos colaboradores anteciparem como será a sua experiência. A comunicação digital é de enorme relevância, estaremos certamente de acordo, mas quais são as primeiras impressões dos supertalentos quando entram nas empresas? Não havendo uma segunda oportunidade de causar boa impressão à primeira vista, como poderemos marcar de forma positiva esses momentos de espera? O *lobby* constitui o ponto nevrálgico da *employer brand*, na medida em que durante esse tempo de espera, as pessoas captam tudo, mas tudo, quanto se passa em seu redor: o que veem, o que leem, o que ouvem e o que imaginam. Essas construções emocionais e mentais são fundamentais e por isso a PHC colocou a sua emissão televisiva em contínuo num écran devidamente posicionado no *lobby*, onde também se encontram os prémios que conquistámos, a copa e a zona de lazer. Todos estes elementos refletem a nossa identidade. É a força da nossa *employer brand*. Esta estratégia tem também uma forte componente nas feiras de emprego e no rigor que colocamos nos programas de estágios. Sendo uma verdade inegável que os estágios consomem tempo, como conseguimos transformá-los de importantes em urgentes? A sua avaliação global passou a representar um KPI dos líderes da PHC. O sucesso do estagiário é agora parte do sucesso do líder. O que significa que todas estas medidas traduzem uma estratégia de recrutamento sofisticado e acompanham todo o processo de atracão, retenção e valorização do talento e do supertalento.

Três ideias a reter:

- O talento necessita de atenção;
- Atrair o talento não chega. É necessário criar condições para o reter;
- As empresas devem estar atentas às boas práticas de atração e retenção.

CAPÍTULO 5
MOTIVAR TEM UM PODER INCRÍVEL

Saber dar e receber *feedback*

«How can a game [golf] have an effect on a man's soul?»
David Cook[51]

É um momento de forte carga dramática que exige um certo tempo de reflexão ao espectador: como é que o melhor golfista amador de sempre desistiu deste desporto com apenas 28 anos de idade?

Bobby Jones distinguira-se pelo perfecionismo de cada uma das tacadas que aprendera sozinho e pelo estilo tipicamente *dandy* com que desfilava nos torneios, mas acabou por desistir de tudo: da fama, do sucesso e do dinheiro.[52]

Desistiu aos 28 anos depois de superar (mesmo que conjunturalmente) a doença que quase o matara na infância.

Desistiu aos 28 anos depois de ter vencido os torneios mais prestigiados que podia vencer.

Antes de percebermos porque desistiu, talvez importe saber como é que um amador atingiu tamanho sucesso.

O que tornou Bobby Jones lendário foi a persistência que colocou na aprendizagem do jogo e a capacidade de aprender com os seus erros e com os erros dos jogadores que observava repetidamente para depois imitar.

Repetir, repetir, repetir.

Bobby Jones teve de treinar milhares de horas até atingir a alta *performance* dos génios.[53]

Repetiu, repetiu e repetiu cada uma das tacadas até serem perfeitas.

---

[51] David Lamar Cook, *Seven days in Utopia – Golf's sacred journey* (Zondervan: Michigan, 2009).

[52] Bobby Jones, *Golf is my game* (London: Chatto & Windus, 1961).

[53] Malcolm Gladwell, *Outliers: The Story of Success* (New York: Little, Brown and Company, 2008).

A elegância do seu *swing* espalhou brilho pelos *green* e a imensa paixão pela mulher conferiu o necessário toque de *glamour* do quadro cinematográfico do filme *A Lenda do Golfe*.

Bobby Jones triunfou no mundo hipercompetitivo dos profissionais porque começou por se motivar com os progressos que resultavam das dificuldades em treinar bolas para dentro de latas de lixo no quintal.

Depois fez história com as vitórias consecutivas nos quatro grandes torneios de 1930.

Uma história que continua por superar.

O temperamento particularmente irascível e o agravamento da doença neurológica debilitante trazida da infância poderão ter contribuído para que o lendário Bobby Jones tivesse desistido do golfe, mas a causa verdadeira encontra-se no amor pela sua mulher e pelos seus filhos.

Quando o jogo ameaçou comprometer o seu *life balance* e se transformou num problema de relacionamento familiar pelas sistemáticas e prolongadas ausências de casa, escolheu a família, e ao fazê-lo escolheu a felicidade.

Venceu o *grand slam* de 1930... e desistiu.

Bobby Jones saiu quando quis e virou as costas ao dinheiro e à fama. Recusou um milhão de dólares para se tornar profissional porque (justificou) ser amador é sentir amor pelo jogo e se jogarmos pelo dinheiro, deixa de ser amor.

Talvez, afinal, tudo se possa resumir a uma boa história de amor.

Amor pela superação.

Amor pela família.

Amor pela vida.

O desfecho da carreira de Bobby Jones no seu auge acaba por deixar um sabor algo estranho para quem gosta de histórias de superação e de comportamentos de alta *performance*, mas o essencial narrativo fica preservado: a disciplina e a determinação permitem-nos superar todas as dificuldades.

Partilhei no capítulo anterior que nas manhãs de sexta-feira jogo cerca de 90 minutos de golfe com uns amigos e expliquei que esses 9 buracos contribuem imenso para o meu processo de foco.

Talvez possa agora acrescentar uma outra dimensão deste hábito: o golfe é para mim um incrível exercício de motivação porque só depende de mim. Tal como a minha atitude para com a felicidade.

Não disputo torneios pelo protagonismo dos prémios e não aprecio particularmente a coreografia social que está associada a este desporto. Uso o golfe para competir comigo próprio e para superar os objetivos que estabeleço.

Sei que tenho entre três e cinco pancadas para fazer cada um dos nove buracos.

Sei que para fazê-lo tenho de utilizar as técnicas que me ensinam.

Sei também que erro muitas vezes e que basta uma bola desviar-se demasiado do *green* para ficar em risco de não cumprir os objetivos.

Nesta altura, parece mais fácil desistir.

Mas não desisto e continuo a jogar.

Porque é nestas alturas que preciso de ter a cabeça fria e regressar ao jogo.

Para mim, o golfe representa uma metáfora da própria vida: estabelecer objetivos, trabalhar para atingi-los e saber não desistir quando as coisas correm mal.

Saber voltar ao jogo.

Bobby Jones conseguiu atingir todos os seus objetivos e superar todos os obstáculos porque interpretou o jogo como uma ferramenta de superação pessoal.

O golfe pode ser uma fantástica *life lesson* para os gestores.

Ajuda-me treinar a minha autodisciplina e a motivação, na medida em que consigo melhorar progressivamente a minha *performance* com o auxílio do treinador.

Dito isto, a persistência é fulcral para o sucesso, mas no percurso de evolução de nada vale repetir cegamente a mesma receita na expectativa de um resultado diferente. Neste processo é importante reconhecer que o maior potencializador do crescimento provém da nossa capacidade de incorporar outras perspetivas através do *feedback*. Mas não todo o *feedback*, o *bom feedback*.

Let's do feedback?

Quando abordei o tema da importância do *feedback* nas organizações, insisti na extrema importância de os líderes saberem ouvir e partilhei o processo de criação na PHC de um sistema 270 graus para que todos possam dar e receber *feedback*.[54]

O modelo assenta em avaliações e autoavaliações semestrais sobre as competências, atitudes e valores que integram a nossa cultura. Estas dinâmicas de *performance review* permitem que todos possam obter, a partir da sua própria autoavaliação, *feedback* das chefias, da equipa e dos seus pares.

Conseguimos desta forma que o *feedback apareça* e que fiquem criadas as condições concretas para que cada um de nós possa desenvolver planos de ação pessoal para melhorar os seus comportamentos e hábitos e traçar novos objetivos.

É verdade que esta metodologia tem permitido que o *feedback apareça* para todos os colaboradores da PHC, mas nesta fase das minhas reflexões gostaria de partilhar uma ideia sobre a sua transformação numa dinâmica contínua e espontânea para os líderes.

Let's do feedback?

Vou tentar explicar melhor.

À medida que as pessoas sobem na hierarquia das empresas, tendem a obter cada vez menos *feedback* das suas equipas porque existe um certo receio, diria que quase inato, de *desafiar* as chefias com críticas negativas.

O degradar desta situação manifesta-se com a *síndroma "o rei vai nu"*.

O que significa que os bajuladores triunfam sobre as pessoas que têm capacidade crítica e todos passam a ver coisas que não existem e a fazer elogios cegos. Os líderes deixam de ter *feedback* genuíno sobre os aspetos essenciais do seu desempenho porque ninguém quer dizer ao *rei* que se vista antes de sair para a rua.

E o rei lá vai nu por aí fora.

É fundamental ter sempre presente que à medida que subimos na hierarquia das organizações aumenta o número de bajuladores, desde logo, os bajuladores de si próprios: «Se eu cheguei até aqui assim é porque estou a fazer bem. Porquê mudar?».

É um ponto altamente perigoso que se traduz no bloqueio da evolução pessoal, mas que pode ser ultrapassado pedindo *feedback*. Um exemplo que me ajudou a progredir tem sido o feedback contínuo em entrevistas

---

[54] Cf. Capítulo 3 – Como liderar pessoas.

e vídeos onde participo, recolhendo os pontos de reforço e de melhoria naquilo que é o meu desempenho. Hoje, sinto-me perfeitamente à vontade perante uma câmara e sei como atuar. Mas sem *feedback* contínuo sobre a minha prestação dificilmente passaria do desconforto da inibição inicial.

Let's do feedback. é um diálogo entre o narrador e o narratário, ou seja, entre a pessoa que dá e a que recebe *feedback* em circunstâncias muitos específicas.

São eles que constroem juntos uma narrativa de análise sobre comportamentos, atitudes e objetivos, ou seja, estão a extrair conteúdo «como se extrai um mineral da jazida»[55], sendo que aqui a «mina» é um comportamento ou uma atitude.

Let's do feedback! exige um clima de imensa confiança.

É fundamental construí-lo previamente para que a pessoa que dá *feedback* se sinta confortável para o fazer e para que ao fazê-lo seja numa perspetiva positiva em relação à pessoa que recebe.

A confiança torna-se assim recíproca.

O primeiro passo deve partir do narrador, ou seja, a pessoa que deseja ter *feedback*, e o *trigger* encontra-se na própria expressão dessa atitude: *let's do feedback*. A sua (imensa) utilidade depende da disponibilidade para ouvir. O que significa que normalmente só devemos dar *feedback* a quem pede e desde que essa pessoa esteja preparada para recebê-lo.

O que correu bem?

O narratário pode então começar o processo pedindo ao narrador que identifique o que considera ter corrido bem na situação que estão a analisar em conjunto. Ao fazê-lo, gera-se de imediato um sentimento positivo (porque estão a falar de algo que correu bem), que deve depois ser reforçado com um ponto positivo agora identificado pelo narratário.

A base da confiança está garantida a partir do momento em que ambos começam por trabalhar na avaliação de aspetos manifestamente positivos.

Construída a confiança, partimos para a construção da competência.

---

[55] Jean Poirier *et al.*, *Histórias de Vida – Teoria e Prática* (Lisboa: Celta Editora, 1995).

O que pode ser melhor?

Neste segundo passo, trata-se de apontar os pontos concretos que podem ser melhorados.

Não se trata de elencar pontos negativos potencialmente destrutivos, mas sim de identificar atitudes e comportamentos que podem ser melhorados.

Importa que seja *feedback* manifestamente construtivo mesmo que *doa na barriga*. Por ser duro, esse *feedback* é também real e concreto.

É o melhor *feedback*.

É um *feedback* de aprendizagem.

Existe por isso uma palavra-chave para o narratário utilizar neste diálogo sensível: «melhor».

Perguntando «o que podia ter sido melhor?», justifica a confiança criada no momento anterior e cria condições favoráveis a uma introspeção crítica. É fundamental *olhar para dentro*. O próprio narrador autoanalisa assim o que deve fazer melhor e permite que o narratário acrescente um segundo ponto de reflexão de melhoria.

O trabalho para a melhoria desses comportamentos e atitudes transforma-se na motivação e dá um significado ao *feedback*.

O desenvolvimento de um plano de ação pessoal traduzir-se-á em resultados e cada marco que for ultrapassado representa o caminho de progresso.

A evolução é um dos maiores fatores de motivação.

A dádiva do *feedback*

O *feedback* serve para melhorarmos competências e sempre que melhoramos algo em nós próprios ficamos mais motivados.

O *feedback* deve por isso ser desejado e construtivo para que seja um presente.

Dar *feedback* fora deste modelo, isto é, sem que seja solicitado ou expresso de forma errada, representa alimentar a *síndroma do rei vai nu*.

Estou também convicto de que o sucesso do *let's do feedback* depende de uma atitude de humildade intelectual, já que pode amplificar imenso os resultados. Os líderes que estão preparados para ouvir, para ser criticados, e para depois trabalhar em aspetos concretos de melhoria, são os líderes que vão mais longe.

Saber ouvir implica *manter a boca fechada*: ouvir primeiro e ouvir com atenção porque significa que nos preocupamos com o que nos está a ser dito.

É assim que recebemos o presente de braços abertos. Sem reagirmos de forma defensiva e sem procurarmos justificações para o argumento negativo.

A importância desta dinâmica contínua na gestão das organizações é de tal forma significativa que o sistema 270 graus na PHC garante que os momentos de *feedback* acontecem semestralmente para todos os colaboradores e seguindo as regras específicas que enumerei.

Mas é aqui que quero chegar: este ciclo pré-determinado de avaliações pode tornar-se ainda mais virtuoso com a transformação das reuniões *one-to-one* ou quaisquer outras circunstâncias em momentos *let's do feedback*.

O facto de serem realizadas em intervalos mais curtos esvazia a potencial carga de ansiedade do momento semestral.

É essa a virtude do modelo.

As avaliações em períodos curtos transformam-se em fatores de motivação para melhorar comportamentos, atitudes e objetivos e o ciclo semestral das avaliações acaba por resultar em explosões de motivação porque já existem resultados concretos para registar e elogiar.

Talvez possa agora revelar o momento que nos levou a encarar o *feedback* como um presente.

Antes de uma sessão de formação na PHC, fomos todos surpreendidos com um envelope-presente. Primeiro, ficámos surpreendidos com o gesto simpático do formador; depois, veio a curiosidade sobre o conteúdo.

O presente era um cartão com a palavra *feedback*.

O presente é o *feedback*.

É assim que devemos encará-lo, para que esta dádiva nos permita melhorar continuamente.

Como alinhar expectativas

O segredo do sucesso de Bobby Jones ainda hoje continua a ser teimosamente perseguido por jogadores, treinadores e investigadores. Buscam uma espécie de Santo Graal para uma realidade bastante mais pragmática.

Se houvesse um segredo para sucesso de Bobby Jones, seria a sua atitude e o seu comportamento, mas basta ler o que deixou escrito para perceber que (afinal) não há segredo nenhum: «I have always said I won golf tournaments because I tried harder than anyone else and was willing to take more punishment than the others. More immodestly, I will say now that I think a large factor in my winning was a greater resourcefulness in coping with unusual situations and in recovering from or retrieving mistakes».

Bobby Jones trabalhou mais que todos os outros e fê-lo incansavelmente até alinhar as suas expectativas com as possibilidades oferecidas pelo jogo. Quando atingiu esse alinhamento, a sua motivação tornou-se incrivelmente elevada.

Pensemos por uns instantes no que isso significa nas organizações para percebermos a importância vital que as empresas devem colocar nos seus recrutamentos.

O que significa um colaborador totalmente alinhado com a cultura e o propósito da empresa?

Significa de imediato que se trata de uma pessoa muito mais motivada por estar comprometida com os objetivos coletivos da empresa, que por sua vez estão sincronizados com os seus objetivos individuais.

Bem sei que estarei a referir-me pela terceira vez à metáfora da construção da catedral, mas estaremos certamente de acordo quanto ao virtuosismo de sabermos que estamos todos a trabalhar para o mesmo projeto e sabermos porque estamos a fazê-lo.

Esta dimensão tem de ser trabalhada em dois aspetos distintos.

Por um lado, é fundamental comunicar sistematicamente qual a catedral que estamos a construir e isso implica ultrapassar as inúmeras camadas de obstáculos que se colocam entre os gestores e as equipas.

O que nos leva à segunda dimensão: a importância dos líderes intermédios neste processo de comunicação entre os gestores de topo e as equipas.

Explicado de outra forma, os gestores precisam que os líderes das equipas comecem por estar totalmente alinhados com os objetivos da empresa para que estes possam depois motivar as suas equipas. O que exige que articulem esta dinâmica com as dinâmicas próprias das suas funções.

É determinante impedir que este fluxo bloqueie porque assim estará a bloquear toda a organização.

A importância dos líderes da PHC reflete-se desde logo na sofisticação da nossa política de recrutamento, sendo que, quando são líderes, faço questão de intervir na última entrevista do processo para acautelar o necessário alinhamento.

Temos um cuidado imenso com a integração dos líderes na cultura da PHC e insistimos imenso nestes aspetos com a realização reiterada de iniciativas de formação para consolidar a ideia da catedral.

Sabemos que só com a ajuda destes líderes conseguiremos chegar com eficácia à totalidade dos colaboradores.

Por isso, repetimos e tornamos a repetir as formações. Garantimos assim que os líderes estão plenamente convictos da sua importância e da importância das suas equipas na construção da catedral.

Temos também de garantir que quando falamos com líderes eles depois saberão motivar as suas equipas.

A PHC desenvolve inúmeras iniciativas de *mentoring* e de *coaching* focadas nos líderes e no reconhecimento da sua importância.

Creio que atribuímos uma enorme importância aos líderes porque somos capazes de reconhecer a centralidade do seu trabalho: a motivação, os objetivos e o talento para mobilizar energias positivas.

Os líderes da PHC têm equipas com um número habitual mínimo de cinco e um máximo de sete elementos para garantir um bom funcionamento, mas existem projetos e circunstâncias que exigem uma flexibilidade diferente.

No mesmo sentido, existem poucos níveis hierárquicos e a progressão na carreira segue um fluxo horizontal, isto é, a PHC dá prioridade aos candidatos internos que se queiram candidatar às vagas internas que vão abrindo. O que permite uma ascensão mais rápida, na medida em que podem progredir por via da motivação que encontram nas novas funções.

A motivação depende das próprias pessoas e isso só pode ser garantido através do alinhamento dos seus propósitos com os da empresa.

No meu caso, e estando a exercer as mesmas funções há 30 anos, entre o Natal e a passagem de ano, estabeleço objetivos relacionados com o meu *life balance*: PHC, família, amigos, saúde (física, mental e espiritual) e sono.

Nunca entro em tédio porque renovo os objetivos todos os anos, estabeleço novas metas, identifico novos desafios.

É um desafio anual.

Sou disciplinado na avaliação mensal do cumprimento, e também do incumprimento, e celebro comigo próprio as progressões que consigo atingir.

São os meus objetivos que me motivam.

Bobby Jones tem razão: temos de treinar muito e errar imenso para atingir resultados de excelência. É precisamente nesse exercício de permanente superação que podemos encontrar a nossa motivação.

Três ideias a reter:

- Repetir as ideias-chave nunca é demais;
- *Let's do feedback* é uma metodologia de crescimento contínuo;
- Um bom resultado começa com as expectativas certas.

PARTE III

COMO GERIR MELHOR A EMPRESA

CAPÍTULO 6

PROFISSIONALIZAR A CULTURA DA EMPRESA

O perigo de uma identidade fragmentada

«Culture eats strategy for breakfast.»
PETER DRUCKER

Tenho bem presente esta imagem porque senti aquilo que pode ser considerado um certo *constrangimento alheio*: David Brent fica emocionalmente encurralado quando se vê confrontado com uma vaga de indignação dos colaboradores por causa da piada racista que acabara de contar diante de um colaborador negro.

O silêncio daqueles segundos pesa como chumbo em todo o escritório.

O líder *achava* que estava *apenas* a contar uma piada sobre a família real britânica, mas todas as pessoas interpretaram que os subentendidos eram de caráter manifestamente racista. A tensão dramática aumenta em razão do crescente embaraço. Numa tentativa desesperada de demonstrar que (bem pelo contrário) defende a diversidade na empresa, David Brent partilha mais um comentário constrangedor e xenófobo: refere-se ao colaborador indiano do armazém dizendo que *até* gostaria de ter o escritório «cheio deles».

As piadas de David Brent eram quase sempre assim, genialmente frágeis, mas o que importa é que o argumento que Ricky Gervais escreveu para a série *The Office* era genialmente assertivo.

O líder tem diante de si colaboradores que estavam juntos pela primeira vez após a fusão das respetivas sucursais e isto traduzia-se necessariamente num contexto de mistura de géneros sexuais, raças, aptidões, sonhos e ambições. O que David Brent tinha diante de si era uma mudança. O desafio de construir uma cultura organizacional que integrasse a diversidade e mobilizasse as características individuais de cada um em torno de objetivos coletivos.

A responsabilidade das piadas baseadas em conteúdos racistas, xenófobos, homofóbicos e misóginos pode ser atribuída a David Brent, mas

Ricky Gervais estava apenas a utilizar o humor para colocar diante dos olhos de todos nós a importância das empresas terem as suas próprias culturas empresariais e culturas que estejam baseadas em valores socialmente reconhecíveis e eticamente sólidos.

Quando David Brent acusa os novos colaboradores de não terem entendido as suas piadas, logo as suas piadas: «As piadas de um patrão que é também um "entertainer" porreiro»; alguém responde que o racismo, a xenofobia e todas as formas explícitas e implícitas de discriminação «não ofendem apenas os visados, ofendem-nos a todos».

Gosto particularmente desta frase: as ofensas não ofendem apenas os visados, ofendem-nos a todos.

Foi essa lição que Ricky Gervais nos ensinou ao ensinar a David Brent a relevância fundamental de existir uma cultura nas empresas traduzida em valores.

O que faz mal a um, faz mal a toda a empresa.

Quando a BBC começou a transmitir a série *The Office*, creio que em 2003, a PHC já existia há quase 15 anos e eu estava convencido de que a nossa cultura continuava a ser partilhada e colocada em prática por todos os colaboradores.

Eu estava enganado, mas só percebi que estava enganado uns anos mais tarde, em 2009, quando concretizámos a fusão da PHC Norte com a PHC Sul.

Tínhamos duas PHC. Duas empresas. Dois conjuntos de colaboradores. Tínhamos duas culturas, portanto.[56]

A fusão exigia que trabalhássemos para ter uma empresa, uma equipa, uma cultura.

Uma cultura construída com a participação ativa dos colaboradores para que todos participassem na identificação dos valores da PHC também como os seus valores e pudessem assim aplicá-los nas inúmeras decisões que são necessárias tomar diariamente.

A cultura de uma empresa manifesta-se em *full-time*. Não existe para ser aplicada quando queremos ou quando nos convém. É universal e permanente.

---

[56] Patrick Lencioni, *The Five Dysfunctions of a Team: A Leadership Fable* (San Francisco: Wiley Imprint, 2002).

A sua importância tornou-se de tal forma determinante no mundo contemporâneo que é frequente hoje as *startup* colocarem esta questão logo no seu nascimento. Já sabem o valor e a importância de existir uma cultura que defina a sua identidade logo à partida, mas a PHC teve de aprender e aprender passando pelas naturais dores de crescimento que significam passar de uma empresa de 40 ou 50 pessoas nos anos 90 para uma empresa de 200 pessoas em plena mudança digital.[57]

É disto que se trata: quando um CEO consegue recrutar diretamente todos os colaboradores, consegue assegurar um ecossistema equilibrado de pessoas que partilham os mesmos valores, mas quando a empresa atinge uma maior dimensão, torna-se inevitável que sejam outras pessoas a assegurar o recrutamento. E essas pessoas passam a recrutar para a cultura que elas próprias percecionam como sendo a cultura da empresa.

Parece, mas não é a mesma coisa.

É isso que tentarei explicar, partilhando abertamente a nossa experiência na PHC.

As bases genéticas da nossa cultura fundacional traduziam necessariamente os meus próprios valores e os valores do Miguel Capelão como fundadores. Ao longo dos anos seguintes, continuámos os dois a pensar que tínhamos uma cultura de empresa e que a nossa cultura continuava preservada apesar do notável crescimento da empresa.

Estávamos enganados.

Já existiam comportamentos individuais suscetíveis de ser considerados desalinhados porque algumas pessoas não se encaixavam naturalmente na nossa cultura empresarial. Era a própria cultura PHC que estava a desagregar-se. O problema é que isto acontecia sem sintomas visíveis. Era um problema invisível para os líderes. Eu e o Miguel Capelão continuámos convencidos de que a cultura da PHC continuava viva e corretamente interpretada nos comportamentos internos.

Estávamos enganados, sim, mas ainda bem.

Sentimos necessidade de voltar ao essencial: o que restava deste processo de desvanecimento da nossa identidade?

Qual era, afinal, a cultura da PHC?

---

[57] Inder Sidhu, *The Digital Revolution: How Connected Digital Innovations Are Transforming Your Industry, Company & Career* (New Jersey: Pearson FT Press, 2015).

A construção do PHC DNA

O nosso processo interno de reflexão iniciou-se com um estudo desenvolvido por uma empresa especializada. Assentou na realização de inquéritos individuais com todos os colaboradores e tendo como linhas de orientação questões relativas aos comportamentos e às atitudes aceitáveis ou não em função dos valores existentes na PHC.

Diria hoje que se tratou de um exercício de *psicanálise empresarial* de enorme utilidade para o presente, mas pensando no futuro.

Percebemos que não havia apenas uma cultura, mas sim três culturas. Três *clusters* fechados sobre si próprios e cujas dinâmicas iam absorvendo as pessoas que iam chegando à empresa, que ficavam assim com os seus comportamentos pré-definidos por esses grupos de integração.

Os *clusters* estavam organizados da seguinte forma: existia um grupo focado na inovação, nos desafios, na melhoria dos desempenhos e na disponibilidade para arriscar; um segundo grupo, que estava completamente cristalizado na continuidade e até numa certa resistência à mudança, baseada no *sempre foi assim e assim tem dado certo: porquê mudar?* ; e um terceiro grupo, que agregava atitudes intermédias, isto é, variava entre o reconhecimento da importância da inovação, mas em processos que evitassem demasiada tensão, especialmente se inovar implicasse mexer no seu "território".

Estou a falar de uma cultura não apenas fragmentada em três *clusters*, mas também com capacidade para gerar autonomamente subculturas, por exemplo, entre os colaboradores que estavam focados na inovação.

A PHC é uma empresa de inovação que necessita de errar para ser uma empresa de excelência. Nunca soube conviver com imobilismos. Talvez por isso (eu tenho a certeza que sim) o *cluster* adepto da inovação incorporava o erro com naturalidade, mas ainda assim com sinais (vermelhos) de que inovação significa que *good enough is enough*. Eu tenho a certeza que sim, que a PHC não sabe e não quer viver com o imobilismo, porque entre os defensores da inovação contavam-se inúmeros colaboradores para quem a inovação exigia também excelência na execução.

Quem lidera inspirado pelo sonho de inovar para antecipar o futuro reconhece facilmente a importância destes comportamentos focados na reinvenção e no experimentalismo profissional[58]. Havia que potenciar esta crença inabalável na excelência de execução, mas o que devemos fazer quando se trata de uma manifestação parcial, resultante de uma cultura fragmentada? Para todos os efeitos, a PHC estava na altura dividida em *clusters* de idêntico peso e grau de contradição. Tínhamos de criar uma identificação cultural unificada e tínhamos barreiras pela frente.

O estudo colocou em evidência esta realidade, ajudou-nos a chegar à base do nosso problema, a base da nossa montanha. Mas tínhamos de ser nós a escalar essa montanha de forma a (re)construir a nossa cultura.

Fizemo-lo com a convicção de que não é apenas fundamental ter uma cultura de empresa, mas também uma cultura única, que tenha como base os valores que partilhamos e respeitamos e que nos permitem cumprir os nossos objetivos.

Era este o nosso desafio e eu estava longe de considerar David Brent um modelo inspirador por muito que gostasse de vê-lo em *The Office*.

Tinha presente a ideia de que o *good enough* é inimigo declarado do excelente.

Tinha de começar por estudar os motivos de sucesso e do fracasso que ocorreram noutras empresas ao longos dos últimos anos para aprender.[59]

Foi o que fiz, lendo os livros de um conjunto de autores com os quais aprendi imenso[60]. Estudando os erros e os sucessos de outros líderes empresariais, nomeadamente dos líderes anglo-saxónicos, verdadeiros pioneiros no desenvolvimento destas inovadoras dimensões na gestão empresarial.[61]

---

[58] Aos que duvidam que o futuro pode ser antecipado, talvez possa ser recordado que todas as empresas estavam conscientes dos problemas que seriam provocados pela chamado *bug informático* na passagem do milénio, mas houve uma empresa em particular que se preparou e ajudou todas as outras a superarem esse obstáculo. Muito antes das badaladas do último dia de 1999, já a PHC desenvolvera um programa que atualizava o *software* com eficácia e celeridade. A PHC foi capaz de antecipar o futuro porque acreditava na inovação e na audácia. Fê-lo contribuindo para o sucesso de muitas outras empresas.

[59] Jim Collins, *Good to Great: Why Some Companies Make the Leap and Others Don't* (New York: HarpperCollins, 2001).

[60] Cf. Anexos *12 Livros para ler em 12 meses*.

[61] Eric Schmidt, Jonathan Rosenberg, *How Google Works* (London: John Murray, 2015).

Partimos para este processo na PHC com convicções sólidas, mas também com dúvidas razoáveis. Sabia, e sei, que não se pode confundir culturas com manuais de comportamentos, na medida em que as culturas são feitas dos comportamentos das pessoas e manifestam-se nos organismos vivos que são as empresas.

Começámos precisamente por envolver todos os colaboradores e fomos assim capazes de nos aproximarmos mais da fronteira do desconhecido para construir em conjunto o que queríamos que fosse por todos conhecido: a nossa cultura.

Estou hoje convicto de que se trata de uma questão vital na gestão das empresas: subirem as suas montanhas e construírem a sua cultura em função do caminho que pretendem seguir, isto é, dos objetivos que pretendem alcançar.

Nós, assumimos um grande objetivo na PHC:

> A PHC ambiciona distribuir o seu *software* pelo **mundo inteiro**, país a país, empresa a empresa.

Sabíamos que para cumpri-lo tínhamos de ter valores que constituíssem uma cultura que nos permitisse alcançá-lo. Sabíamos também que o sucesso do seu enraizamento dependia de alguns pressupostos fundamentais. Todas as pessoas teriam de participar no processo de definição da cultura PHC; essa cultura deveria depois estar escrita para se constituir como um vínculo identitário que fosse permanentemente; e a equipa de administradores teria depois de encontrar mecanismos para manter essa cultura não apenas presente, mas acima de tudo viva.

As culturas têm de ser vividas.

Sinto que devo também aqui reafirmar que o sucesso dependia de um fator decisivo: saber do que é que as pessoas gostavam e não gostavam na PHC, sem esquecer aquilo de que eu e o Miguel gostávamos e não gostávamos.

Isto pode ser um problema e representar um potencial efeito secundário na cultura da empresa se todas as pessoas começarem a agir e a *pensar* como acham que os líderes agem e pensam. As dinâmicas *culture fit* são suscetíveis de criar uma monocultura na qual todos são iguais e pensam da mesma maneira, mas cabe aos líderes ter uma consciência aguda destes efeitos secundários e introduzir mecanismos criativos e eficazes na cultura da empresa que impeçam a sua manifestação.[62]

Lembrei-me agora que o nosso desafio parecia uma reedição do Teorema de Fermat.[63]

Não tão difícil que demorasse três séculos e meio a resolver, mas porque parecia mais fácil manter as coisas tal como estavam.

Também por isso sentimos orgulho por termos sido capazes de subir a montanha, definir e deixar escrita a cultura PHC baseada na diversidade, desde logo, entre o número de colaboradores homens e mulheres. Temos orgulho no facto de 42% dos colaboradores serem mulheres, quebrando assim a tendência do sector em Portugal, onde as mulheres habitualmente representam apenas 20%.

Por um lado, queremos que exista um ambiente favorável às mulheres, o que significa uma total intolerância com todas manifestações de caráter sexista mesmo que insinuadas; por outro lado, exigimos das mulheres o mesmo que exigimos aos homens em termos de execução. O que se traduz em excelência. É aqui que a *culture fit* se manifesta positivamente: a cultura PHC preserva e estimula a diversidade de género e de opinião e todos estão comprometidos com os valores coletivos, sem quotas ou outro tipo de equilíbrios artificiais. A inovação necessita de diversidade e equidade. Só assim é possível ter uma cultura de sucesso.

Quando chegámos ao topo da nossa montanha, a PHC tinha uma cultura baseada nos valores que identificámos e categorizámos coletivamente.

O sucesso de termos conseguido definir a nossa cultura e traduzi-la em valores concretos levou-nos à construção de uma marca: **PHC DNA.**

Já não era apenas uma cultura de empresa.

Era o **nosso DNA.**

É o **PHC DNA.**

---

[62] Os notáveis ensaios que aqui encontrei foram não apenas pedagógicos, mas também profundamente inspiradores: *HBR's 10 Must Reads Ultimate Boxed Set* (Harvard Business Review Press, 2013).

[63] Simon Singh, *Fermat's Last Theorem* (New York: HarpperCollins, 2002).

PHC DNA

OS NOSSOS VALORES

Paixão pelo Cliente: foi fácil definir este valor porque estava presente nos três *clusters* que havíamos identificado. O cliente nem sempre tem razão, mas de certeza que tem sempre opinião, e nós temos de ser capazes de saber ouvir para que possamos integrar as suas necessidades nos nossos produtos. Recolhemos regularmente a opinião dos clientes sobre o nosso desempenho e sobre a nossa contribuição para o seu sucesso. Estamos profundamente comprometidos com o sucesso dos nossos clientes e sentimos o seu sucesso também como o nosso sucesso. Genuinamente.

Inovação: somos inspirados pelo sonho de construir e inovar porque estamos abertos à mudança e somos capazes de enfrentar as adversidades. Trabalhamos para antecipar o futuro dos nossos clientes para que possam estar à altura dos permanentes desafios do mundo globalizado. Esta atitude implica o nosso compromisso permanente com os processos de melhoria contínua: incentivamos as novas ideias e testamo-las sem ter medo de errar. Gostamos de *errar bem*. Aprendemos com o erro porque nos ajuda a testar permanentemente as novas ideias que nos definem como empresa de inovação.

Confiança: é o nosso negócio. A confiança entre empresas, porque quem compra *software* tem de confiar que a empresa vendedora estará no mercado por muitos anos, terá também de confiar que durante esse longo período será bem tratado e terá ainda de confiar que os seus problemas serão bem resolvidos. A confiança entre pessoas, porque quem trabalha na empresa tem de confiar na sua organização e na coesão entre todos. Somos únicos e somos de confiança.

Coesão: partindo da convicção de que juntos podemos e somos mais fortes, acreditamos que o cumprimento dos objetivos individuais é tão importante como o cumprimento dos objetivos das outras pessoas e que o bom ambiente de trabalho é fundamental para esse sucesso coletivo. Trabalhar na PHC é divertido. Somos descontraídos, mas sempre exigentes e altamente profissionais.

Audácia: porque o sucesso do cumprimento dos nossos desafios exige coragem individual e confiança coletiva, mesmo que o desafio seja *saltar para fora de pé para aprender a nadar*. Acredito que temos todos de revisitar permanentemente o nosso passado como País e encarnar o espírito dos nossos antepassados Descobridores: arriscar, ser capaz de arriscar. Acreditamos que podemos fazer sempre melhor e de maneira diferente. Queremos ir mais longe.

Excelência na Execução: quando sabemos que basta sermos bons para superar os medianos temos de ser ainda melhores porque acima dos bons estão os excelentes e os desafios que enfrentamos exige que sejamos excelentes. O sucesso traz consigo o perigo da acomodação e as empresas que ambicionam estar no topo jamais poderão acomodar-se. *Self-awareness* significa termos consciência de que podemos ser vítimas do nosso próprio sucesso e por isso devemos manter-nos focados nos objetivos, sempre focados na excelência da execução. Fazer sempre bem e não apenas de vez em quando. As nossas equipas integram a competência, a capacidade de se focar, o rigor e o profissionalismo de todos, para obter resultados de excelência.

Nesta fase do processo, tínhamos sido capazes de identificar claramente o grande objetivo da PHC e definir em conjunto os seis valores que nos haveriam de orientar nesse caminho e que se expressam na cultura **PHC DNA**.

Mas senti que ainda faltava alguma coisa.

Um propósito existencial; se tal pode aqui ser invocado.

Uma empresa como a nossa serve para quê?

Qual o propósito da PHC?

O que é que os nossos clientes beneficiam do nosso trabalho?

Numa palavra: ***WHY?***[64]

Eu sabia que a resposta à pergunta de Simon Sinek era enganadoramente simples. A pergunta de uma pessoa que se autobiografa apenas

[64] Simon Sinek, *Start With Why – How Great Leaders Inspire Everyone to Take Action* (New York: The Penguin Group, 2009).

como «optimist» teria de ser necessariamente mais complexa. Significava, e continuava a significar para mim, que é fundamental dar sentido ao meu trabalho quotidiano e ao trabalho dos colaboradores da PHC.

Sentirmos que estamos a contribuir para algo maior do que nós e maior do que a nossa empresa; um bem comum, e com essa ideia de bem comum assumimos o nosso ***WHY?*** na PHC:

> «Acreditamos que a liberdade para a mudança nas organizações só é possível através de *software* espetacular».

Não estávamos apenas a responder ao desafio de Simon Sinek.

Estávamos a dizer a nós próprios, e aos nossos clientes, que estamos preparados para os desafios da mudança permanente e que queremos fazê-lo através da excelência, expressa na ambição de proporcionar aos nossos clientes ferramentas para a mudança empresarial: o *software espetacular*.

Se os especialistas permitirem a interpretação certamente abusiva, diria que a teoria darwinista da seleção natural das espécies se tornou numa verdade absoluta para as organizações: não são as maiores empresas que sobrevivem nesta disputa global, mas aquelas que mais rapidamente se adaptam à mudança.

Ao dizer isto, estamos a dizer que produzindo *software* espetacular para os nossos clientes estamos a contribuir decisivamente para as suas empresas se adaptarem aos seus desafios.

Estamos a trabalhar por uma boa causa, a causa da boa gestão. Uma causa positiva que faz as empresas crescer e que, por terem melhores resultados, contribui também para ter os seus colaboradores mais felizes.

É a nossa razão de ser.

O nosso *pathos* é sermos mais do que uma empresa de *software*.

Acreditamos que a liberdade para a mudança nas organizações só é possível através de *software* espetacular.

Talvez possa agora ser perguntado ao leitor: se tem uma empresa, ela existe para quê?

Dito de outra forma, quando estamos todos a partir pedras, uns dirão que estão a fazê-lo porque alguém os mandou; outros, que é a sua tarefa para que depois alguém faça alguma coisa com elas; mas só os que souberem realmente qual o objetivo saberão que estão a partir pedras para a construção de uma catedral. Esses serão fáceis de identificar. Serão os que estarão a partir pedras com entusiasmo e exuberância porque estão a construir a catedral que será por todos admirada e amada.

Temos todos de trabalhar para a catedral.

A catedral representada pelos objetivos individuais. A catedral representada pela equipa direta de trabalho. A catedral representada pelo departamento. A catedral representada pela empresa. A catedral representada pela empresa e pelos clientes da empresa. A catedral representada como um todo.

Partir pedra, qualquer um de nós pode partir.

Difícil é construir catedrais.

A cultura prepara as empresas para enfrentarem os desafios e para cumprirem os seus objetivos com determinação e paixão. Não ter uma cultura ou não ser capaz de gerir a cultura existente é um dos maiores perigos que as empresas enfrentam.

Podemos resolver problemas ou sobreviver aos problemas.

É preferível resolvê-los.

Como manter a cultura viva

Seria mais provável que o argumentista colocasse Homer Simpson a devorar uma pilha de donuts do que diante de um quadro escolar a tentar resolver o Teorema de Fermat. Volto a esta questão porque a analogia terá passado despercebida a alguns leitores como na altura passou à maior parte dos espectadores. Há uma elevadíssima improbabilidade de existirem pontos deste contacto entre a personagem preguiçosa e pouco inteligente e a ambição e procura da excelência.[65]

A subtileza só se tornou possível porque o argumentista David S. Cohen tem um notável percurso académico *para quem* escreve humor. Não se trata tanto da complexidade da alta geometria, mas sim da elegância da equação e do seu aproveitamento na estrutura narrativa.

---

[65] Simon Singh, *The Simpsons and Their Mathematical Secrets* (New York: Bloomsbury,2013).

Quantos fãs dos *Simpsons* saberão que o matemático britânico Andrew Wiles resolveu em finais do século XX o teorema que o matemático francês Pierre de Fermat havia formulado em meados do século XVII? Eu sei que a pergunta não importa muito, mas além de David S. Cohen, também os argumentistas da série *Dr. Who* e do filme *Star Trek* utilizaram referências ao Teorema de Fermat.

Não terá sido por acaso. Uma batalha intelectual que atravessou séculos só pode inspirar-nos. É a nossa natureza. Ficamos mais confiantes das nossas capacidades porque mesmo nas situações mais complicadas somos capazes de provocar uma mudança e obter um fim inesperado.

Somos capazes de inovar.

É certo que não foi fácil definir o objetivo da PHC.

Nem tão pouco consolidar os 6 valores e fazê-los viver como o **PHC DNA.**

Não foi fácil identificar o propósito coletivo do nosso trabalho numa inspiradora missão baseada na liberdade da mudança.

Nada foi fácil, mas era imperioso realizar todos esses propósitos e ideias, sabendo eu que manter a cultura viva seria tão difícil como criá-la. É um processo complexo. Exige que os líderes tomem decisões perto da fronteira do desconhecido e errem muitas vezes. Às vezes, também obriga a que sejam um pouco *jedis* e sigam a sua intuição.[66]

Eu errei muitas vezes, mas certamente com mais entusiasmo do que os matemáticos que se sucederam em fracassos seculares até Andrew Wiles resolver o teorema.

Temos de fazer as culturas viverem para serem desejadas.

Estou convicto de que o sucesso das empresas depende fortemente das capacidades dos seus líderes para criar condições de recrutamento alinhadas com os objetivos e a cultura da empresa, para integrar os novos colaboradores e depois para avaliá-los ao mesmo tempo que se dispõem, e dispõem a empresa, para idêntica avaliação.

A cultura é tão importante e decisiva nas grandes empresas como nas pequenas. Numa organização, designada de pequena, exemplo em que

---

[66] Ed Catmull, Amy Wallacereativity, *Creativity Inc.: Overcoming the Unseen Forces That Stand in the Way of True Inspiration* (New York: Random House, 2014).

existem 5 colaboradores, tal significa que existem 10 relações diretas, ou seja, 20 relações unidirecionais. Não parece, mas é uma rede complexa.

É por isso importante que os valores da cultura estejam escritos.

Desde logo porque fica clarificado junto dos colaboradores e dos potenciais colaboradores quais os valores em causa. Permite que algumas pessoas saibam antecipadamente que não se adaptariam e que outras se sintam entusiasmadas com a perspetiva de virem a integrar a empresa. É fundamental que os colaboradores se revejam na cultura da empresa antes de serem recrutados.

É importante, mas não basta escrevê-la.

O verdadeiro desafio consiste na capacidade de os líderes integrarem a cultura na vida quotidiana da empresa. E o caso da PHC não é diferente.

A cultura **PHC DNA** começou por ser construída através da identificação dos nossos valores e depois através do intenso trabalho que desenvolvemos no seu aperfeiçoamento. Em certa medida, sentimo-nos inspirados pelas metodologias de *design thinking* [67]. Fomos desconstruindo e reconstruindo os valores para chegarmos a um entendimento comum sobre esta base e de seguida criámos para cada um desses valores os chamados *DO* e *DON'T*, isto é, o que devemos fazer e evitar fazer em relação a cada valor.

Numa pergunta: quais os comportamentos que devemos incentivar e quais não devemos tolerar?

A cultura pode ser definida pelo pior comportamento tolerado, sendo que todos, os aceites e os não aceites, devem estar identificados, e igualmente escritos, para não serem esquecidos. Foi assim que fizemos no processo de construção do **PHC DNA** e conseguimos, por exemplo, que um *DO* de referência signifique elogiar o erro experimental, na medida em que estamos orientados para a inovação e para a excelência de resultados.

Arriscamos porque acreditamos que a experimentação e o erro responsável contribuem para a inovação.

O que exige um *DON'T* que rejeite a crítica do erro experimental.

Experimentamos sem medo e assumimos riscos calculados. Somos audazes e o futuro só pode ser antecipado com audácia e sem receio.

---

[67] Tim Brown, *Change by Design: How Design Thinking Transforms Organizations and Inspires Innovation* (New York: HarperBusiness, 2009).

No final deste processo de construção da nossa catedral, todos nos identificávamos com os valores da PHC porque todos fomos capazes de nos rever no resultado final. Mas no quotidiano não se trata apenas de definir e de deixar escrito. O quotidiano das empresas exige que os valores sejam vividos.

A cultura precisa de prática e método.

É necessário interiorizar os seus valores para agir de acordo com os comportamentos aceites.

O que nos levou à criação do programa **Thank U**.

Quando um colaborador da PHC toma uma decisão baseada num dos seis valores está a dar vida a esse valor: e nós agradecemos-lhe. O agradecimento traduz-se na atribuição de um selo oferecido pela pessoa que beneficiou desse comportamento ou que simplesmente o identificou em determinada situação.

O programa **Thank U** processa essa atribuição acompanhada do motivo e permite que toda a organização saiba o porquê do agradecimento através da sua publicitação na rede colaborativa interna. Quem atribui o agradecimento fá-lo através do software e entra automaticamente no sistema.

Estou convicto de que se trata de uma medida de gestão de enorme valor e a PHC tem beneficiado imenso do seu sucesso entre os colaboradores.

Mas depois de ter elogiado o erro, devo também revelar que falhámos na iniciativa anterior ao programa **Thank U** porque perdemos a dinâmica inicial. Aliás, estas iniciativas falham ao fim de pouco tempo em 90% das empresas e falham porque é necessário introduzir dinâmicas complementares.

Não é suficiente ter uma boa ideia, concretizá-la e executá-la num momento isolado. Pelo contrário: é fundamental garantir uma dinâmica de continuidade através de várias medidas concretas.

O sucesso que temos obtido com programa **Thank U** como um exemplo do comportamento que desejamos, resulta também da introdução do *marketing* nos recursos humanos, isto é, nas dinâmicas de gestão de pessoas. Penso que já posso dizer que o sucesso depende da nossa capacidade de conferir um sentido às medidas de gestão.

O **Global Live Meeting**, um serviço noticioso interno da PHC, transmitido em *live stream* para todos os colaboradores em todo o mundo, destaca regularmente um determinado comportamento de mérito para enraizar a sua vivência. A **PHC TV** reforça essa partilha e exibe orgulhosamente a fotografia da pessoa distinguida e o motivo do agradecimento. O que reforça a autoestima individual e os laços coletivos de partilha do sucesso.

No mesmo sentido, na época de Natal, os colaboradores que recebem mais agradecimentos são igualmente reconhecidos e recompensados. O sistema de *rankings* permite garantir o necessário *gamification* e atingir um objetivo essencial: preservar a vitalidade do **PHC DNA** através do reconhecimento dos comportamentos que concretizam os valores.

A rede interna de colaboração, desenhada para permitir que todos possam saber o que se está a passar na organização em cada momento, projeta esse destaque por todos os colaboradores e projeta com eficácia porque transmite a informação através do *feed*.

Falamos para todos e entre nós. E todos falamos a mesma linguagem.

Tornámos possível que os valores se traduzam em comportamentos e simultaneamente distinguindo os colaboradores que os praticam, tornando-os ilustrativos para toda a organização.

Os valores da cultura são assim vividos coletivamente e em permanência porque tudo faz sentido.

É a harmonia de um ecossistema.

É por isso que sinto um profundo carinho em referir os colaboradores como **PHCs:** porque isso reflete genuinamente a partilha de uma identidade comum.

Os **PHCs** identificam-se com os valores do **PHC DNA** e fazem-nos viver numa espécie de pequenos rituais quotidianos.

Esses momentos de interação entre a organização e os colaboradores são definidos como **PONTOS DE TOQUE**, por exemplo, no discurso do CEO e nos presentes de Natal, nos processos de avaliação ou nas comunicações internas.

Os **PONTOS DE TOQUE** fazem a cultura **PHC DNA** viver porque são vividos diariamente na empresa e são vividos desde o recrutamento. Os novos colaboradores são formados através de vários jogos baseados nos nossos valores para aprenderem os *DO* e os *DON'T* de cada valor do **PHC DNA**.

A enorme relevância dos **PONTOS DE TOQUE** decorre também da nossa crença na celebração dos pequenos e dos maiores feitos. Atribuímos uma enorme importância à celebração integrada no nosso valor da excelência na execução, na medida em que implica que sejamos também audazes nas celebrações.

A cultura tem de estar presente em todos os rituais da empresa.

Tudo o que se acontece, acontece em torno dos valores.

É assim que a PHC distingue com orgulho os seus colaboradores, através da eleição regular dos que vivem mais os valores, e esses valores são igualmente transmitidos aos nossos clientes. É isso que eles esperam de nós.

São valores sólidos, mas a forma como são expressos está sempre em evolução.

Os *DO* e *DON'T* têm sido sistematicamente aperfeiçoados bem como os **PONTOS DE TOQUE** porque acredito que há sempre uma melhor maneira de fazer seja o que for. Para nós, o Teorema de Fermat está sempre em reformulação.

Os resultados das empresas são determinados pelos comportamentos das pessoas concretas, e quanto maior for o sucesso da cultura que enquadrada esses comportamentos, melhores serão os resultados das empresas e das próprias pessoas.

Ricky Gervais sabia bem o que estava a fazer quando utilizou a insensibilidade de David Brent para demonstrar a necessidade de os líderes saberem integrar a diversidade individual numa cultura comum.

A felicidade é lucrativa

É uma característica que gosto de pensar que herdei da minha família: nunca desistir perante as mais fortes adversidades e nunca perder a ambição de ser feliz. A felicidade é decisiva na PHC e sinto-me genuinamente feliz ao ouvir pessoas rirem quando estão a trabalhar.

Significa que estão a trabalhar bem e que se sentem felizes.

Significa que a empresa é saudável.

Rir liberta substâncias fundamentais para a saúde, como a serotonina e endorfinas, que proporcionam relaxamento físico e emocional. Quando rimos estamos a utilizar os nossos neurotransmissores para libertar energia pelo nosso corpo. O riso é saudável. É um produtor de energia. O riso é um prazer que podemos e devemos utilizar também na gestão das empresas e para isso temos de ajudar as pessoas a serem individualmente felizes para que todos possam ser felizes em conjunto.

Os sucessivos estudos desenvolvidos pela Gallup World Poll colocam em evidência a importância da felicidade nas empresas e demonstram a sua influência positiva na produtividade. [68]

Desenvolvi a primeira experiência há mais de uma década através da introdução de aulas de riso-terapia. A adesão inicial dos colaboradores revelou-se desde logo muito significativa apesar dos expectáveis obstáculos colocados pelo sentimento de vergonha, um receio natural de *estar a ser* ridículo perante os outros. Mas esse receio desaparece quando as pessoas quando estão bem consigo próprias e com o seu ambiente de trabalho. Tendem a ser mais produtivas.

No entanto, devemos ter algumas cautelas para não confundir felicidade com motivação. Especialmente quando se quer tirar uma relação de causalidade entre motivação e produtividade. Tenho sérias reservas a respeito da ideia de que as pessoas trabalham mais e melhor *apenas* por estarem motivadas. A motivação é um conceito demasiado vago para ser utilizado na medição da produtividade, mas, pelo contrário, estou certo de que somos mais produtivos quando somos reconhecidos pelo que fazemos bem e estamos alinhados com os objetivos da organização.

"Estar bem e com propósito" é fundamental para uma empresa competitiva. E, sim, a felicidade é lucrativa conforme demonstram os estudos da Gallup World Poll.

Desde logo porque gera bons ambientes de trabalho.

As pessoas felizes criam bons ambientes, contagiam os grupos e o ambiente de trabalho é decisivo para a produtividade. As pessoas querem ir para o trabalho, querem estar lá e desejam que as coisas resultem. Querem viver essa felicidade.

É a felicidade que torna as pessoas mais produtivas, mas a felicidade não existe por si só e não acontece por acaso.

O que levanta uma questão decisiva: como é que os gestores podem levar a felicidade para dentro das organizações?[69]

---

[68] *World Happiness Report.*

[69] Matthieu Ricard, *Happiness A Guide to Developing Life s Most Important Skill* (Boston: Little, Brown and Company, 2007); *Work Happy the Goole Way* (2008).

O primeiro dado que devemos saber é que, na maior parte das atividades, as pessoas otimistas ganham às pessimistas. Claro que existem exceções, por exemplo, diretores financeiros pessimistas podem obter bons resultados. Não é a regra, nem tão pouco a exceção que confirma a regra. Os otimistas ganham aos pessimistas porque são mais resilientes à contrariedade e à frustração. Acreditam que *aquilo* vai acontecer.[70]

O segundo dado, e igualmente importante, é que o otimismo pode ser ensinado e aprendido (a universidade de Harvard tem inclusive pesquisa neste âmbito). Existem formas para ensinar e para medir os resultados e existindo essas ferramentas decidimos experimentar na PHC.

Boa notícia: resulta. E pode resultar também para quem lê este texto.

A demonstração de que o treino permite fazer crescer os níveis de otimismo dos colaboradores levou-nos à sua integração na ideia de felicidade e ao desenvolvimento de técnicas de atitude para a felicidade.

Quem é que não necessita de ser mais feliz?

O desenvolvimento do programa **My Happiness** em 2017 produziu resultados muito positivos na PHC.

Foi necessário começar por ensinar técnicas para adequar os comportamentos e as atitudes à importância da felicidade no trabalho. A felicidade tem um efeito direto no nosso quotidiano e representa um dos fatores mais decisivos para que as empresas sejam saudáveis.

Sim, as técnicas podem ser ensinadas, mas as pessoas podem não querer. É um facto que não merece ser contrariado. Eu trabalho para a maioria dos colaboradores da PHC, mas se apenas uma minoria estiver predisposta a descobrir o seu próprio caminho para a felicidade, eu saberei saborear os resultados dessa minoria.

Sou um líder otimista. Acredito que a dinâmica de alguns colaboradores pode contaminar muitos outros e torná-los disponíveis para se exporem à felicidade.

É disso que se trata: ajudar as pessoas a ficarem mais conscientes da importância da felicidade nas suas vidas pessoais. Há técnicas para ajudá-las. Não deveriam deixar a felicidade ao acaso.

---

[70] Martin E.P. Seligman, *Authentic Happiness: Using the New Positive Psychology to Realize Your Potential for Lasting Fulfillment* (New York: Free Press, 2002).

A missão dos líderes assenta mais na criação de condições para as pessoas se exporem e menos na sua conversão.

Quando a PHC começou a disponibilizar aulas semanais de meditação, algumas pessoas partilharam comigo que inicialmente haviam sentido fortes reservas, mas acabaram por ficar surpreendidas e tornar-se entusiásticas praticantes da meditação. Estas situações sucederam-se com colaboradores com atividades que à primeira vista poderiam oferecer maior resistência e os resultados foram exatamente em sentido oposto.

Os colaboradores da PHC dispõem de formação em técnicas específicas de desenvolvimento pessoal e emocional, em técnicas de motivação e de tomada de consciência do papel que a felicidade tem e pode ter no seu quotidiano. *Mindfulness*, *coaching* e *mentoring* são alguns exemplos.

A iniciativa **My Happiness** resultou porque as pessoas que querem ser felizes acreditam e dispõem-se a aprender. É uma atitude que começa por ser individual, mas que depois se alarga a todo o espaço organizacional. A felicidade distribuída gera ótimos ambientes de trabalho e as pessoas felizes e apaixonadas por aquilo que fazem contribuem decisivamente para o aumento da produtividade das empresas.

Como é que sei?

Medindo a felicidade com o recurso a indicadores e ferramentas.

Duas vezes por mês, em dias aleatórios, o nosso software lança um desafio: «Como é que te sentes hoje?». Os *emojis* equivalem a níveis que variam entre 1 e 6 e incluem também a não resposta como uma possibilidade. Se todas as respostas contam, temos de as contar na totalidade, mesmo que não correspondam a um ideograma específico. O resultado não é nominativo.

Este **Happy Score** revelou-se uma experiência de sucesso.

Os resultados permitem-me saber qual o nível da felicidade na PHC em cada minuto do dia e esses padrões representam uma ferramenta de gestão de enorme utilidade. A desagregação dos dados permite até medir os níveis de felicidade num determinado departamento ou em relação a determinado líder. Diria por isso que se trata de uma ferramenta magnífica de gestão, na medida em que sinaliza o estado emocional global da organização e permite a intervenção dos líderes em caso de necessidade.

A felicidade parece simples, mas exige muito esforço e atenção permanente.

Na PHC, os líderes reúnem semanal ou quinzenalmente com cada um dos membros da sua equipa para aferir o seu estado de felicidade. Devem depois exprimi-lo através de uma escala de perceção, ou seja, medir a felicidade vista no ângulo do observador. A interpretação destes dados com os dados resultantes das respostas individuais manifestadas através do software pode ser absolutamente extraordinária.

De facto, é necessário tomar consciência dos perigos da perceção: as organizações podem ter pessoas felizes cuja felicidade não é percecionada pelos colegas e pessoas infelizes que passam completamente despercebidas.

O programa funciona como uma espécie de *radar da felicidade*.

Deteta desfasamentos e emite sinais de alerta que são de enorme importância para a liderança individual e coletiva. Por exemplo, os níveis de felicidade produzidos numa equipa, pelo perfil de uma determinada liderança, podem contribuir tanto para a felicidade das outras pessoas como para provocar níveis de profunda infelicidade.

A felicidade é lucrativa, mas não pode ser deixada ao acaso. Tem de ser trabalhada. O sucesso das organizações depende sempre das pessoas e das relações entre si. É suposto rirmos na PHC porque somos, e queremos continuar a ser, pessoas felizes e profissionais com elevados níveis de execução de excelência.

Talvez agora tenha ficado um pouco mais claro que o sucesso das organizações depende de serem ou não *best experience at work*.

A felicidade parece simples, mas exige muito esforço e atenção permanente dos líderes que ambicionam o sucesso coletivo. Se existisse um segredo, que não existe, talvez estivesse na certeza de que colaboradores felizes e comprometidos com os valores das suas organizações aumentam a produtividade.

Nenhuma empresa será sustentável se não for uma empresa feliz.

A PHC orgulha-se de proporcionar um ecossistema de trabalho saudável e de ser uma empresa feliz. Uma realidade reconhecida com a atribuição do segundo prémio do estudo Happiness Works e a liderança entre as empresas tecnológicas.

Se ficámos felizes e orgulhosos com a distinção? Claro que sim.

Se achamos que o processo terminou aqui? Nem pensar.

A felicidade tem de ser construída todos os dias.

Três ideias a reter:

- A cultura é viva e tem de ser trabalhada profissionalmente;
- Os valores da empresa devem ser traduzidos em comportamentos aceites e não aceites;
- A felicidade é lucrativa e deve ser tratada como um ativo da empresa.

CAPÍTULO 7
REUNIR DE FORMA PRODUTIVA

Acabar com a doença da "reunite aguda"

«Olá, eu sou a Dory e sofro de perda de memória recente.»
Dory

Os apreciadores dos filmes de animação digital (eu sou um deles) podem já ter esquecido muita coisa, mas dificilmente esquecerão o endereço exaustivamente repetido pela Dory: «P. Shermand, 42, Onaby Way, Sidney». Era lá que Nemo estava perdido. Outra vez: «P. Shermand, 42, Onaby Way, Sidney».

Porquê tanta repetição? Porque Dory sofria de perda de memória recente.

Lembram-se?

O filme *À Procura de Nemo* foi um merecido sucesso da parceria Pixar/Disney em 2003 e a receita repetiu-se em 2016.

À Procura de Dory recupera o mecanismo narrativo da perda de memória recente, digamos, da perda do arquivo temporário, para utilizar o *storytelling* da informática...

Dory deixa de conseguir reter novas informações e todas as aventuras do filme giram em torno da sua amnésia.

Este «efeito Dory» é provavelmente o sintoma mais adverso de uma doença chamada «reunite crónica», e que se manifesta nas pessoas que estão em reuniões mal organizadas e mal geridas.

Também estas pessoas perdem a sua memória.

Esquecem tudo o que se passou nas reuniões onde estiveram, mas a culpa não pode ser atribuída à Dory.

Cabe aos líderes das organizações combater a «reunite crónica», tendo desde logo a certeza de que os sintomas são quase sempre invisíveis.

Há empresas onde se pensa (erradamente) que tudo se resolve com reuniões, enquanto outras que são de tal forma resistentes à ideia que não conseguem sequer tirar partido desta importantíssima ferramenta de organização do trabalho coletivo.

Os sintomas da «reunite crónica» são quase sempre invisíveis, mas podemos detetá-los se olharmos com um pouco mais de atenção para o «quadro clínico».

Estou a pensar, por exemplo, na impreparação dos temas, na ausência de pré-*reads*, no descontrolo da agenda, na duração excessiva e desnecessária, nas demasiadas pessoas presentes, e por isso mesmo demasiadas pessoas desfocadas, na negligência no *follow-up* e, por fim, na ausência de atas.

Estes sintomas provocam uma completa dispersão mental dos intervenientes que pouco ou nada conseguem reter destas reuniões.

É o «efeito Dory»: nada para recordar porque uma sucessão de erros contaminou as perceções, sem uma qualquer marca, direção, decisão, que permita ter tomado útil o tempo investido na reunião.

Como se combatem estes sintomas?

Utilizando um método que permita otimizar as reuniões.

Já agora, posso partilhar que criei na PHC um *software* que facilita imenso a gestão do processo. É um método que se tem revelado eficaz. Resulta de inúmeras horas de trabalho *overnight*, mas trata-se, estou convicto, de um trabalho manifestamente útil e oportuno. Aliás, nos Estados Unidos já existem inúmeras *start up* totalmente focadas na criação de *software* precisamente para gestão de reuniões dada a sua enorme importância nas empresas.

Na PHC, o projeto chama-se ***meetings@speed*** e tem como objetivo tornar as reuniões espetaculares, ou seja, queremos combater os sintomas da «reunite crónica» e obter resultados de excelência.

É também um contributo para a nossa felicidade.

Em primeiro lugar, as pessoas que participam nas reuniões estão previamente preparadas.

As empresas modernas não podem tolerar a atitude tradicional traduzida no «deixa lá ver o que isto vai dar». As reuniões têm de dar aquilo que pretendemos que seja dado e isso exige uma metodologia de trabalho que começa desde logo com os pré-*reads*.

Todos os documentos de preparação da reunião têm de ser corretamente produzidos e distribuídos atempadamente para que todos os intervenientes se possam preparar.

No mesmo sentido, a agenda deve ser previamente organizada e gerida com critério, ou seja, também não se marcam reuniões «para ver isto que se está a passar». Analisar um assunto sem identificar claramente o objetivo, enquanto condição para uma discussão focada, é garantia de fracasso.

Todos nós já teremos passado pela experiência de estar numa reunião convocada por alguém que se *esqueceu* de partilhar previamente informação, como por exemplo, do simples *powerpoint* da apresentação. O que significa que ninguém conseguiu estudar e preparar o seu contributo.

Perde-se assim um tempo incrível quando a reunião podia (devia!) começar com a imediata discussão do assunto para que as decisões sejam fundamentadas e com qualidade.

O que me leva ao segundo conjunto de sintomas da «reunite crónica».

A ausência de informação prévia sobre os temas provoca inevitavelmente um descontrolo da agenda e esse descontrolo traduz-se num consumo excessivo de tempo.

Quando não existe um assunto preparado, significa que todos os não-assuntos podem tornar-se *assuntos*, isto é, discute-se tudo sem discutir realmente nada (de importante) e todo o tempo fica consumido em coisa nenhuma.

A duração excessiva e desnecessária decorre destes problemas prévios e quem são as pessoas que mais sentem os efeitos da «reunite crónica»?

As pessoas que nem sequer deviam estar presentes nessa reunião: estão reiteradamente desfocadas e num estado de angustiante ansiedade.

Só estão a pensar numa coisa: «o que estou aqui a fazer?» e «quando é que este pesadelo acaba?».

Estas pessoas nunca *estiveram* na reunião apesar de lá terem estado a gastar o seu tempo e o tempo e o dinheiro da organização.

Estas pessoas são vítimas do «efeito Dory» e recorrem a todos os dispositivos imagináveis para se distraírem (para esquecerem) porque simplesmente sentem que não deviam e não queriam estar ali.

Têm razão: não deviam estar ali.

Na verdade, nem sequer *estão* e a sua *ausência* ostensiva serve apenas para incomodar todas as outras pessoas e contaminar o ambiente com a sua falta de foco.

Esta sintoma da «reunite crónica» torna-se assim extremamente perigoso para a saúde das empresas porque desmotiva os colaboradores, custa dinheiro e custa o tempo que se perde inutilmente.

Discute-se tudo e nada...

Convocam-se pessoas a mais *just in case*...

Pessoas que não são um valor acrescentado para a reunião ou que não retiram daí nenhum, ou quase nenhum, valor para si próprias.

Deixa-se o tempo passar para a reunião acabar quando acabar.

E depois?

Depois não acontece absolutamente nada.

Podem as coisas piorar?

Podem, claro, quando se manifesta cumulativamente o terceiro e último conjunto de sintomas da «reunite crónica» e que se traduz na ausência de atas da reunião e total negligência no *follow-up* dos assuntos que foram (ou não) tratados na reunião.

Vamos imaginar que determinada reunião até correu bastante bem.

Digamos que foi seguida uma metodologia desde a organização à convocatória dos participantes, passando pela gestão do tempo e dos processos de decisão.

Mas depois não aconteceu rigorosamente nada. Não se registaram as decisões, nem a atribuição das tarefas.

Uma vez mais: tempo perdido.

É fundamental que se registe o essencial da reunião e as atas são um instrumento imprescindível, mas partilho um alerta: o oposto é também de evitar. Registar tudo o que foi dito numa reunião, as opiniões de todos, e as várias conversas torna as atas ilegíveis. E por isso inúteis.

Devem ser objetivas e conter as informações concretas: que decisões foram tomadas, que tarefas foram definidas, quem são os responsáveis pela sua execução.

As atas e os pré-*reads* tornam a reunião racional e facilmente percetível para qualquer pessoa independentemente de ter estado ou não presente.

Assim, até a Dory conseguirá recordar-se do essencial.

meetings@speed

Se as reuniões servem para debater temas importantes e tomar boas decisões, cabe aos gestores garantir a sua eficácia, na medida em que se trata de um dos pontos mais importantes para a produtividade das empresas modernas e que procuram sempre a excelência de resultados das suas equipas.

A reunião perfeita existe? Sim, existe.

É aquela que foi preparada antecipadamente por todos os intervenientes, demorou o tempo que deveria demorar, ou menos, em que as decisões foram bem discutidas, as consequentes tarefas bem registadas e todos os envolvidos ficaram conscientes do que foi decidido e do que ficou para fazer a seguir, por quem e quando.

Com esta eficácia, diminui-se o tempo investido, melhora-se a qualidade da decisão e tornam-se as reuniões num momento positivo de crescimento da empresa.

Além de que são muito mais agradáveis e permitem resultados espetaculares.

Gosto de reuniões para debater ideias e tomar decisões.

Gosto de reuniões de 45 minutos.

Gosto de reuniões com 6 pessoas ou menos.

Gosto de eficácia e de excelência na execução.

O que me trouxe para esta otimização através de uma metodologia que permite enormes ganhos de eficiência e torna as pessoas mais felizes porque sentem o seu tempo valorizado e o seu esforço recompensado.

Antes da reunião

Preparação

É uma parte vital do sucesso e a justificação da sua realização deve ser clara para todos os participantes;

Marcação

Deve ser feita com a maior antecedência possível e devidamente registada. Facilita imenso o trabalho de todos os participantes porque ficam com mais tempo para se preparem convenientemente e fazerem uma melhor gestão do seu tempo. Devem ser convocadas apenas as pessoas necessárias;

Agenda

Todos os participantes devem saber quais os assuntos que serão tratados. Estes, devem ser numerados para facilitar os comentários, as descrições e a sistematização das conclusões;

Pré-*reads*

É essencial disponibilizar previamente os conteúdos para que possam ser analisados antes da reunião. Para que a preparação seja eficaz, devem ser partilhados pelo menos 2 dias úteis antes da reunião. Todos os participantes estarão assim devidamente preparados para discutir os assuntos que serão debatidos. É um erro incrível começar uma reunião com um *powerpoint* que não tenha sido previamente partilhado. Serve apenas para perder tempo, mas a minha experiência diz-me que ainda hoje se trata de uma das maiores resistências dentro das empresas, incluindo dentro da PHC. Como se a disponibilização prévia esvaziasse a sua importância e desse mais tempo para a preparação dos eventuais contra-argumentos...;

Outro assuntos e adições à agenda

Os participantes que queiram discutir outros assuntos devem colocá-los em comentários, cabendo ao coordenador da reunião decidir adicioná-los ou não à agenda;

Seguir o projeto

Para estar sempre avisado do que se passa em cada reunião, os participantes devem seguir o andamento do projeto, sendo que o *software* da PHC permite fazê-lo de forma extremamente simples e eficaz. Todas as pessoas que estão a acompanhar o projeto são notificadas sempre que alguém partilha um documento ou um comentário;

Ausência

Quando um colaborador está impossibilitado de participar na reunião para a qual foi convocado, deve começar pela delicadeza de alertar todas as outras pessoas de que não estará presente. Na PHC, deve marcar-se como ausente e introduzir um comentário com a razão da ausência e quem o irá substituir, se houver essa necessidade;

Cancelamento de uma reunião

Se a reunião for cancelada, a pessoa responsável deve fazê-lo com celeridade e dando uma justificação. A data será fechada no sistema, os utilizadores marcados como ausentes, as áreas adicionais apagadas e o resumo e conclusão marcados com a palavra "cancelada";

Não existe uma opção de «descancelamento», ou seja, se voltar a justificar-se essa reunião, deve ser reaberto todo o processo, desde a escolha das datas aos participantes, passando por todo o material de partilha prévia;

Adiamento de uma reunião

Se a reunião for adiada, a respetiva marcação deve ser alterada e introduzido um comentário com a informação do adiamento e a respetiva razão;

Mudança de sala da reunião

Se a sala de reunião for alterada, deve ser introduzido um comentário com essa informação. Se for imediatamente antes da data/hora da reunião, deve ser enviada uma notificação por *e-mail* a todos os participantes.

Durante a reunião

Durante a reunião, os participantes devem estar alinhados sobre a ordem de trabalhos, analisar as tarefas das reuniões anteriores, tomar decisões e definir novas tarefas para o futuro. O papel do coordenador é fundamental. Cabe-lhe preparar a reunião, conduzir as intervenções de acordo com os assuntos, gerir o tempo para que a reunião comece e acabe na hora prevista, garantir o registo em ata das decisões, tarefas e responsáveis pela execução, e certificar-se que os assuntos serão acompanhados;

As reuniões conduzidas com eficácia e registadas com excelência são reuniões úteis e nas quais temos vontade de participar.

No início

Primeira regra: as reuniões iniciam-se e acabam nas horas previstas. Sempre. O coordenador deve começar por assinalar os presentes e os ausentes, enumerar os assuntos da agenda e clarificar o responsável pela redação da ata;

Tarefas da reunião anterior

Caso se justifique, a primeira fase deve servir para analisar as tarefas da reunião anterior. Esta rotina é frequente em organizações que repetem ciclicamente a análise de alguns assuntos. Nesse caso, a primeira tarefa é fazer o *follow-up* da reunião anterior;

Ata em tempo real

A ata pode ser redigida e melhorada em tempo real, ou seja, qualquer um dos presentes pode adicionar texto às conclusões, criando assim informação em tempo real. Esta atividade é muito importante para a eficácia da reunião, já que, inúmeras vezes, é lendo o que está escrito que se fica com a real noção do que foi decidido. Todos os textos adicionados às conclusões devem referir o ponto da agenda sobre o qual versam;

Decisões

Todas as decisões devem ser registadas em ata, ou seja, quem as tomou e a respetiva descrição. As decisões devem ter a referência de qual o assunto na agenda a que dizem respeito;

Tarefas resultantes da reunião

As tarefas resultantes da reunião devem ser acompanhadas pela identificação dos responsáveis pela sua execução. É um assunto sobre o qual não podem existir quaisquer dúvidas: resumo da tarefa, responsável e data de conclusão;

Perguntas durante a reunião

As perguntas que surjam durante a reunião, se for isso o combinado com o respetivo coordenador, podem ser adicionadas aos comentários, assegurando que termina sempre com um ponto de interrogação. Um bom debate gera antecipadamente bons resultados;

Comportamento

Existem algumas regras de comportamento que devem ser seguidas nestas dinâmicas de trabalho coletivo;

Desde logo, os participantes devem estar focados nos assuntos definidos para evitar as distrações com as conversas laterais, e para isso os pré-*reads* são fundamentais. É um trabalho do coordenador: impedir as conversas paralelas que criam dinâmicas contraditórias dentro de um espaço que se deseja focado;

Durante o debate, é de enorme utilidade que todos tenham capacidade de síntese para que as suas intervenções sejam valorizadas e compreendidas por todos;

A discordância de opiniões é essencial para obter resultados de excelência. Discordar com inteligência e respeitando a divergência garante enormes ganhos para o debate e para as posteriores decisões;

O que passa também por debater as ideias e não os seus autores. As críticas pessoais criam ambientes de forte crispação, além de que são absolutamente desnecessárias. O que importa discutir são as ideias e nunca as pessoas. É uma regra difícil de seguir, mas é fundamental para a coesão e o bom ambiente das equipas;

Por fim, existe um comportamento completamente inaceitável: usar mecanismos de distração, seja o telemóvel ou o computador para simular que se está focado no assunto em causa. As vítimas do «efeito Dory» são os principais utilizadores, ficando, também por isso, facilmente expostos e merecedores de um reparo.

Final da reunião

A reunião não termina com o fim da discussão, mas sim com uma breve análise das decisões tomadas e dos comentários dos participantes. O coordenador tem de gerir os trabalhos para que se termine 5 ou 10 minutos antes da hora prevista para que esta consolidação seja feita;

O que permite que a ata seja validada no imediato por todos os presentes, na medida em que, tendo sido feita em tempo real, todos os participantes tiveram oportunidade de acompanhar a sua edição, ficando assim em condições de terminar a reunião com a sua aprovação;

Se as conclusões não forem absolutamente claras, é elevadíssima a probabilidade de ocorreram erros e omissões. No limite, uma má reunião é uma reunião que *nem existiu*.

Depois da reunião

Terminada a reunião, inicia-se a fase seguinte do trabalho.

Fechar a reunião

Assim que a ata estiver concluída com o acordo dos participantes e as tarefas corretamente definidas, a reunião fica encerrada;

Nessa altura, as conclusões devem ficar automaticamente disponíveis para todas as pessoas envolvidas, mas, e isto representa uma aprendizagem que eu próprio venho fazendo, quando as atas são disponibilizadas mesmo a quem não esteve nessa reunião, garantimos o máximo de transparência e de compromisso, na medida em que todos podem analisar e acrescentar novas informações;

Existem casos restritos, claro, mas são enormes os ganhos nesta partilha interna, no caso da PHC, através de *software* específico;

Atualizar e fechar tarefas tratadas

À medida que as tarefas vão sendo concretizadas, o seu responsável deve *fechá-las* e colocar nos comentários o que efetivamente foi feito. Se não foram fechadas, antes da reunião deve introduzir um comentário com o que está a acontecer com aquela tarefa.

Dito isto, sem uma metodologia adequada, parece-me que o «efeito Dory» continuará naturalmente a manifestar-se nas pessoas que estiverem em reuniões onde não deveriam estar, ou porque foram erradamente convocadas e mal preparadas, ou porque foram deficientemente conduzidas e indevidamente encerradas.

Mas existem outras formas de esquecimento involuntário.

Por um lado, porque a memória das pessoas é extremamente falaciosa e cada um de nós perceciona a realidade de forma diferente. Por outro, porque essa perceção (essa memória) muda (naturalmente) com o passar do tempo.[71]

O registo é o melhor caminho para evitar o «efeito Dory».

Estou a falar do registo das decisões e do registo do próprio método de organizar as reuniões.

Na PHC, estas regras estão escritas e continuam a ser ensinadas porque fazem parte do **PHC DNA**. Além das formações regulares, todas as salas de reuniões têm uma folha onde constam estas regras para que possam ser lembradas e vividas diariamente.

São regras que ajudam imenso a combater a «reunite crónica».

[71] Joël Candau, *Anthropologie de la mémoire* (Paris: Presses Universitaires de France, 1996); Maurice Halbwachs, *Le Mémoire Collective* (Paris: Presses Universitaires de France, 1950); Paul Connerton, *Como as sociedades recordam.* (Oeiras: Celta Editora, 1999).

Ninjas: a importância de uma *personal assistant*

Seguir as etapas de uma *apresentação à Steve Jobs* ajuda imenso e ajuda ainda mais as pessoas que gostam de fazer e de seguir *checklists*. Tornaram-se para mim num instrumento fundamental de organização do trabalho e para algumas funções tenho procurado colaboradores que sejam verdadeiramente fanáticos de *checklists*.

Quando digo «tenho procurado», significa que demorei demasiado tempo a reconhecer a importância de uma *personal assistant* na organização e gestão do trabalho de um líder.

Quando digo «demasiado tempo», significa que nos primeiros 26 anos da PHC trabalhei sem PA e por isso guardo com especial gratidão o momento em que o meu amigo Óscar Ribeiro me perguntou: «Percebeste bem a quantidade de dinheiro que perdeste?».

A pergunta em tom de reparo surgiu quando nos preparávamos para o churrasco com que estávamos a iniciar umas férias no Algarve.

Eu tinha acabado de chegar de Lisboa e confessara-lhe que estava particularmente aliviado por (finalmente) ter conseguido marcar a minha habitual viagem aos Estados Unidos para assistir a várias conferências anuais.

Justifiquei que o fizera sozinho porque me considerava uma pessoa frugal, que sempre tratara das minhas coisas e que tinha o precioso auxílio de uma *checklist*.

Uma longa *checklist* com mais de 25 itens para cumprir.

Acrescentei ainda que se tratava de uma tarefa que qualquer pessoa devia ser capaz de executar e se um CEO não conseguia, então, devia aprender a fazê-lo.

Tive ainda a veleidade de dizer que demorara dia e meio a fazer o agendamento completo.

Ao mesmo tempo que o meu amigo Óscar me perguntou «percebeste bem a quantidade de dinheiro que perdeste?», partilhou um estudo que demonstra claramente as vantagens financeiras de contar com uma pessoa para a função de *personal assistant* através de uma lógica simples: o seu valor/hora comparando com o valor/hora do CEO e o tipo de problemas concretos resolvidos por cada um.[72]

---

[72] Melba J. Duncan, «The Case for Executive Assistants», *Harvard Business Review*, May 2011.

Fiquei sem quaisquer dúvidas: contar com essa pessoa representa um investimento financeiro fantástico.

A PHC reconhece na plenitude a importância deste tipo de função nas suas equipas e desenvolve várias iniciativas para a estruturação de uma carreira que se desenvolve entre *unit assistant*, *personal assistant*, *executive assistant* e *chief of staff*.

O treino deste tipo de profissionais permite que comecem a tomar decisões pelos líderes e que assumam a iniciativa de poupar tempo, não apenas através da gestão da agenda, mas fazendo, por exemplo, pontos de situação de projetos e *follow up* de reuniões.

O que permite ao líder ter tempo para fazer a diferença onde pode e deve fazer a diferença.

Onde a PA pode fazer uma grande diferença é precisamente no tratamento desta reunite crónica.

A assistente pode validar se os presentes estão conscientes do que devem preparar. Analisar em tempo útil se os pré-*reads* foram disponibilizados, fazer o *follow-up* das tarefas e decisões, enfim, coordenar a excelência na execução de reuniões antes durante e depois.

Não é fácil encontrar um/a PA espetacular em Portugal, mas existem algumas características identificadoras que fazem a diferença.

O que define alguém como PA formidável? A proatividade para antecipar necessidades e retirar tarefas ou decisões e assim ganhar tempo; assim como também procura da excelência na execução; e, por fim, ter uma obsessão saudável por *checklists*.

Esta metodologia é fundamental em tarefas repetitivas porque permite verificar todos os passos necessários à sua conclusão e o seu desenvolvimento e aperfeiçoamento resultará em manuais de perfeição e excelência porque sempre que são usadas acabam por ficar atualizadas por força da repetição.

As *checklists* tornam-nos muito profissionais com o mínimo de esforço.

As iniciativas da PHC têm como objetivo fazer crescer profissionalmente as pessoas nesta função porque acreditamos que são essenciais na empresa e uma peça incrível de produtividade no trabalho das equipas, dos diretores e dos administradores.

Na PHC temos um plano de desenvolvimento constante e uma carreira para as nossas assistentes, que carinhosamente chamamos de **Ninjas.**

O nome vem do facto deste grupo ser efetivamente um conjunto de Ninjas preparadas para tudo o que possa acontecer.

Promovemos *team buildings*, sessões de formação, partilha de boas práticas entre as Ninjas de todos os departamentos e isso tem ajudado imenso à produtividade da PHC.

Criamos um espírito de «fazer acontecer» neste grupo de profissionais, que permite aos seus superiores e departamentos terem as coisas feitas e muito tempo ganho.

Um excelente investimento.

No meu caso, graças ao meu amigo Óscar, o meu trabalho tornou-se manifestamente melhor pelos obstáculos que deixei de remover e pelo tempo que ganhei com a delegação de competências.

Um tempo verdadeiramente valioso.

Death by powerpoint

É também do valor do tempo que se trata quando falamos de reuniões focadas em apresentações. Neste caso, o perigo é de *morte*.

A *morte* provocada pelo tédio.

A revelação do segredo das apresentações de Steve Jobs não justificará um concílio para rever a teologia, mas muita coisa mudou com a publicação do estudo de Carmine Gallo[73].

Eu mudei com aquelas 251 páginas de plena descoberta.

Reinterpretei esta metodologia para mim e desafiei todos os colaboradores da PHC a fazerem o mesmo, isto é, que passássemos todos a fazer apresentações *à Steve Jobs*.

Porquê?

Porque sentíamos que as apresentações carregadas de *bullets* e com textos enormes estavam a matar a nossa atenção e a atenção de qualquer outro ser vivo.

As más apresentações fazem-nos perder o foco e as sedutoras indústrias da distração ajudam-nos a canalizar facilmente essa nossa atenção para outros assuntos.

---

[73] Carmine Gallo, *The Presentation Secrets of Steve Jobs – How to be insanely great in front of any audience* (New York: McGrawHill Education, 2016).

Estudámos, por isso, as principais apresentações públicas feitas por Steve Jobs para aprendermos a evitar *morrer* por causa do *powerpoint*, e conseguimos identificar um padrão que se adequa aos nossos objetivos: contar uma *estória* (story).

O que implica desde logo responder a duas perguntas:

Como criá-la?

Que elementos deve ter?

Criar uma *estória* pressupõe um slogan, uma frase breve, que será repetida e interpretada tantas vezes durante a apresentação que ficará na cabeça das pessoas como a ideia final da apresentação.

Em segundo lugar, deve ter um vilão, a metáfora de uma grande ameaça que tem de ser combatida e derrotada.

Um obstáculo que tem de ser superado.

Essa superação deve depois ser desdobrada em três pontos. Quatro seriam demasiados e dois insuficientes para manter o ritmo. Os três pontos permitem agarrar a audiência e mantê-la na expectativa de desejarmos chegar ao fim para desvendar tudo.

A narrativa vai assim evoluindo até terminar com um grande final: a destruição do vilão perante a apresentação da solução.

É o momento da grande revelação e a sua importância é gigantesca.

Basta recordar que metade das pessoas confessa lembrar-se essencialmente do fim das apresentações, 1/3 considera o princípio importante para agarrar a audiência e 1/6 não se lembra do que aconteceu no meio (isto, apenas uns dias depois da apresentação).

O método tem funcionado na PHC e quando falha, falha porque as pessoas têm dificuldade em escolher um vilão e colocá-lo no *sítio certo*, ou porque desrespeitaram algumas das etapas.

Contar uma boa *estória* é bastante mais complexo do que parece, mas trata-se de um exercício muito cultivado na PHC. Cultivado ao ponto de comentarmos entre nós se determinada apresentação é ou não uma *apresentação à Steve Jobs*.

Três ideias a reter:

- Uma metodologia de reuniões ajuda a atenuar a reunite crónica;
- As assistentes são peças vitais no bom funcionamento de uma empresa;
- Evitar a morte por *powerpoint* aumenta a produtividade.

CAPÍTULO 8
BEST EXPERIENCE AT WORK

Detalhes que definem empresas incríveis para trabalhar

«Everything is there for a reason.»
LEE UNKRICH

Os espectadores apreciaram bastante as cenas escaldantes entre Demi Moore e Michael Douglas apesar de a crítica ter destacado a originalidade de Barry Levinson quando optou por uma narrativa que inverte os protagonistas tradicionais do assédio sexual no local de trabalho. Tom Sanders tornou-se vítima da sua chefe Meredith Johnson num ambiente tradicionalmente masculino e fortemente sexista.

Este ângulo narrativo do *Disclosure* foi inovador para aqueles tempos e antecipou uma preocupação central dos líderes modernos: garantir que as empresas assentam as suas culturas na diversidade, no respeito e na dignidade. Uma matéria na qual a PHC pretende ser exemplar.[74]

Eu gostei desta preocupação do filme por ter antecipado a modernidade e gostei particularmente do ambiente de espionagem informática que deixa emergir a sensualidade de Demi Moore como *mulher fatal*.

Mas o que realmente reteve a minha atenção foram outro tipo de detalhes.

Quando Tom Sanders entra naquele elegante edifício de escritórios da DigiCom, desliga o telemóvel (um modelo altamente sofisticado para quem ainda se recordava, como eu, do Motorola do Gordon Gekko, no *Wall Street – Money Never Sleeps*) e caminha confiante e bem-disposto enquanto as câmaras deslizam pelas paredes de tijolos vermelhos. Mostram-nos depois umas imponentes vigas de metal orgulhosamente expostas e umas escadas interiores de madeira e ferro que dão vida e unidade orgânica a todo aquele imenso espaço. O *travelling* termina quando Tom Sanders entra no gabinete com portas e paredes de vidro.

[74] Cf. Capítulo 6 – Como criar uma cultura de empresa.

É um ambiente industrial modernizado e elegante. Transparente. Funcional. Luminoso. Um ambiente pensado para as pessoas trabalharem e serem felizes. Luminosas.

Lembro-me com detalhe das imensas janelas e da luz natural que inundava o espaço interior. Lembro-me das cadeiras e das mesas colocadas debaixo da escada central como se fosse uma praça onde as pessoas podiam conversar ou ter breves reuniões de trabalho. Uma praça dentro do escritório e um escritório com as bicicletas dos colaboradores penduradas em algumas paredes. Isto, quando a moda em 1994 nos Estados Unidos era a terceira geração do *Honda Integra* com os seus pouco ecológicos 200 cv.

O escritório da DigiCom na Pioneer Square (Seatle, Washington) é uma obra de design e também uma demonstração de um conceito inovador de gestão: as empresas têm de ter cada vez melhores instalações para que os seus colaboradores sejam cada vez mais felizes nos locais de trabalho.

O filme *Disclosure* apareceu nas salas de cinema em 1994 e 25 anos mais tarde também eu estava a cumprir o sonho de concretizar a minha própria visão do *best experience at work* em Portugal e com uma empresa portuguesa.

Em finais de abril de 2019, anunciámos o início do processo de mudança de instalações inspirados por esse imenso e genuíno desejo de tornar a PHC na melhor empresa para se trabalhar em Portugal (e uma das melhores da Europa). Disse na altura que se tratava de um sinal claro do nosso crescimento e que traduzia uma ambição mobilizadora: garantir que os **PHCs** tenham as melhores condições para desenvolver o seu trabalho, que se sintam bem e que sejam (ainda) mais felizes.[75]

Talvez seja cedo para retirar conclusões sobre o processo que ainda hoje se encontra em desenvolvimento, mas estaremos todos de acordo que se trata de uma mudança incrível.

---

[75] «Novas instalações da PHC Software apostam no conceito "best experience at work"», *Construir*, 23 de abril de 2019; «PHC investe 12 milhões de euros na criação de novas instalações», *DN_insider*, 23 de abril de 2019; «PHC investe no "melhor lugar para trabalhar"», *ITchannel*, 22 de abril de 2019.

Best Place to Work é o nome habitualmente dado à estratégia de ter um local excelente para trabalhar, mas eu acredito que podemos ir muito mais longe. Já não é apenas um *Best Place to Work* que devemos almejar, mas sim uma ***BEST EXPERIENCE AT WORK***, que inclui excelentes condições de trabalho, mas também excelentes experiências de trabalho para todos os colaboradores.

A importância do som, da luz e da temperatura

É preciso reconhecer que as instalações de uma empresa representam um enorme investimento e implicam tomar várias decisões erradas até que se alcancem os desejados níveis de excelência. Pode ser dissuasor, mas se mudarmos de posicionamento por uns instantes, talvez faça sentido perguntar: quais os ganhos que podemos obter através de um investimento criterioso baseado numa atitude para a felicidade? ou melhor, como podemos contribuir de forma concreta para a felicidade das pessoas através da melhoria do espaço de trabalho?

Escrevi que os erros podem ser dissuasores, mas falta acrescentar que é a aprendizagem que resulta desse processo que nos permite tomar cada vez melhores decisões. As novas instalações da PHC anunciadas em 2019 foram pensadas por especialistas em diversas áreas e tiveram em linha de conta tudo o que aprendemos ao longo destes últimos 30 anos.

Desde os primeiros $10m^2$ amavelmente cedidos pelo meu tio Zé na sua empresa de *shipping* no Cais do Sodré, passando depois pelos nossos primeiros $150m^2$ na Infante Santo, até crescermos para os $300m^2$ em Algés. As instalações de Alfragide já tinham $500m^2$ e quando nos mudámos para o Lagoas Park chegámos aos $1490m^2$.

Quanto terminarmos o atual processo de mudança, a PHC estará instalada em $4000m^2$ no Taguspark.

Aprendemos imenso com estes 30 anos.

Aprendemos com o nosso próprio crescimento, metro após metro.

Aprendemos com a experiência de muitas outras organizações. Nos Estados Unidos, por exemplo, sabemos hoje que mais de 70% das empresas estão organizadas em *open space* e os escritórios construídos de raiz já adotam este modelo quase na totalidade (principalmente na área de IT).

É também este o caminho da PHC, mas com as necessárias calibragens que estas organizações do espaço exigem.

Quando partilhei as minhas reflexões sobre os obstáculos ao foco, elogiei como vantagens do *open space* a eficácia da comunicação e a velocidade de circulação da informação na melhoria das dinâmicas de trabalho, na medida em que promovem a colaboração. Também alertei para as suas desvantagens, por exemplo, as perturbações na atenção provocadas pelas distrações visuais e auditivas através dos estímulos cerebrais que ativam o cérebro funcional reptiliano. Acrescentei exatamente por isso a necessidade de encontrar pontos de equilíbrio entre as vantagens da colaboração, da cooperação e da preservação do foco.[76]

A demonstração de que podemos e devemos aprender com os erros está no fato de as novas instalações da PHC já considerarem toda a experiência que acumulámos ao longo destes 30 anos. Tivemos desde logo um cuidado incrível com o barulho resultante da concentração de pessoas e estudámos inúmeras formas de preservar a necessária tranquilidade. Começámos por definir que cada *open space* deve estar limitado entre dez e vinte pessoas e ao mesmo tempo testámos quais os melhores materiais para evitar a propagação do som, sabendo que se trata de uma das maiores ameaças à produtividade em *open space*. Foram por isso considerados os materiais que absorvem o som, a sua colocação adequada e relacionamento com os materiais do chão e os tetos, por exemplo, para garantir uma harmonia acústica em todo o escritório.

Nada pode ser deixado ao acaso.

Este é um problema novo para os gestores porque as instalações nunca eram pensadas com esta atenção ao detalhe.

É um problema cuja solução também é cara, na medida em que os materiais adequados constituem um dos custos mais significativos. Basta pensarmos que o material do chão deve ao mesmo tempo absorver o ruído, ser confortável e ter boas características de limpeza.

É também um investimento manifestamente justificado no *open space* de tamanhos significativos e em empresas que ambicionam distinguir-se também como *best experience at work*.

---

[76] Cf. Capítulo 1 – Foco: o segredo do sucesso e da felicidade.

Creio ter justificado a importância da luz natural quando escrevi que as características das instalações são cada vez mais um fator crítico nas estratégias para captar e reter talento e supertalento[77]. Regresso agora ao tema precisamente nesta perspetiva harmónica com o som e depois acrescentarei a importância da regulação da temperatura comum.

Dou por mim a pensar que não deve ser por acaso que retenho na memória as imagens de Tom Sanders a atravessar o *open space* da DigiCom sem que exista qualquer perceção intrusiva entre as pessoas que lá estão a trabalhar. Tudo isto acontece no mar da luz que entra pelas inúmeras e enormes janelas do edifício. Não é um capricho cinematográfico. Existem inúmeros estudos que comprovam a importância da luz natural no bem-estar das pessoas e no seu estado de espírito[78], e esta fonte de energia é cada vez mais decisiva na arquitetura moderna.[79]

Talvez deva aqui confessar que prescindimos das inúmeras potencialidades de um generoso *rooftop* nas novas instalações para colocarmos painéis solares para a alimentação energética do edifício.

É uma declaração do nosso empenho em contribuir para a sustentabilidade do planeta.

É também uma reafirmação do nosso compromisso com o bem-estar comum quando decidimos investir num sistema de iluminação que funciona apenas quando necessário e nos locais onde se justifica.

Na transição entre todas as anteriores instalações, a PHC viu-se na contingência de desvalorizar a importância da luz natural por força das circunstâncias, na medida em que o nosso processo de crescimento implicou instalarmos os escritórios em edifícios de habitação adaptados.

Esses constrangimentos foram parcialmente superados num primeiro momento com as instalações no Lagoas Park e estão agora totalmente resolvidos no Taguspark.

As novas instalações foram pensadas para as pessoas e para o seu conforto e produtividade. Por exemplo, quando optamos pela luz natural temos de acautelar os reflexos nos écrans dos computadores.

---

[77] Cf. Capítulo 4 – Como atrair, reter e valorizar talento e super-talento.

[78] John N. Ott, *Health and Light: The extraordinary Study that Shows How light Affects Your Health and emotional wellbeing* (New York: Ariel Pr, 2000).

[79] Henry Plummer, *The Architecture of Natural Light* (New York: The Monacelli Press, 2009).

É necessário ter uma enorme sensibilidade e cuidado para garantir toda a harmonia. O que implica estudar os horários de maior e menor intensidade da luz solar e os respetivos ângulos de entrada no edifício para evitar também o impacto direto nos olhos em determinadas horas do dia. O que por outro lado nos leva a um detalhe fundamental: o tipo de quebra sol que deve ser instalado, o modo de funcionamento e a sua eficácia na gestão de todas estas variações.

Esta gestão criteriosa da luz natural implica uma gestão igualmente cuidada da temperatura.

Cada um de nós tem os seus próprios níveis ideais de temperatura e essa variação difere significativamente de pessoa para pessoa. Sabemos que algumas pessoas reagem a variações de cinco ou mais graus e que para outras basta um grau para sentirem os efeitos da mudança da temperatura corporal. Aliás, dentro do mesmo ambiente, é frequente encontrarmos pessoas a trabalhar em *t-shirt* e outras com casacos. Se cada pessoa aceder à regulação da temperatura do escritório existirão inevitavelmente pessoas insatisfeitas, o que torna fundamental encontrar um consenso mínimo que permita um equilíbrio para todos.

A regulação da temperatura exige também um cuidado incrível com a circulação do ar, nomeadamente a quantidade que deve ser renovada e em que períodos deve ser feita. Os ambientes de escritório podem potenciar as doenças respiratórias e a sua propagação e os cuidados na sua gestão incluem não apenas os níveis do ar condicionado, mas a renovação da atmosfera através da circulação do ar.

Parecem demasiados detalhes?

Parecem, mas não são. São muito e necessários, mas não demasiados se queremos ter a melhor experiência do local de trabalho.

São precisamente os detalhes que definem as empresas ***BEST EXPERIENCE AT WORK***.

To infinity and beyond

Buzz Lightyear grita «to infinity and beyond» e salta corajosamente na direção do tapete azul para mostrar a todos os outros brinquedos que consegue voar. É um salto de risco, mas tudo correrá bem no quarto de Andy porque o quarto da Andy está pensado para que ali tudo corra bem.

Os realizadores dos filmes de animação digital e os produtores de vídeos-jogos há muito descobriram a importância fundamental das cores no sucesso das suas técnicas narrativas. É uma questão de credibilidade, mas acima de tudo de harmonia entre as personagens e os espectadores.

Tudo corre bem com o salto de Buzz Lightyear porque a cor azul do tapete garante o necessário conforto e segurança.

Talvez pudesse ter citado o exemplo evidente da Pantera Cor-de-Rosa, mas a incrível evolução dos filmes de animação digital conduziu-me instintivamente para a trilogia *Toy Story* pela qualidade filmes, mas também pela história extraordinária da Pixar.

O realizador Lee Unkrich optou no *Toy Story 3* por um *colourscript* marcado pelos tons de azul para traduzir o seu conceito de segurança e conforto.[80]

Os tons das roupas de Andy são azuis e toda a decoração do quarto adota a mesma semântica cromática. As paredes, a cobertura da cama, a cadeira da secretária e o tapete. É nesse tapete que se concentram os brinquedos quando saem da arca onde estavam esquecidos até iniciarem uma aventura que quase os conduzirá à extinção.

É nos instantes que antecedem esse momento que o Xerife Woody sobrepõe dois livros em tons azuis (e verde) para ganhar altura e dirigir-se aos restantes brinquedos. É um céu azul que marca o salto para o desconhecido quando os soldados de plástico tomam a iniciativa de abandonar o quarto.

Tudo o que está no filme está por uma razão e Lee Unkrich utilizou o azul para marcar a segurança e o conforto que Andy deixa para trás quando atinge a idade adulta e se separa das memórias de infância para entrar na faculdade. «These are conscious choices. Everything in the movie is there for a reason. We are making a commitment to say that blue will connote safety and trying to avoid that in situations where we don't want the audience to feel safe», explica o realizador.

Pode um escritório ignorar esta importância da semântica das cores? Creio que não.

---

[80] Amid Amidi, *The Art of Pixar: 25th Anniv.: The Complete Color Scripts and Select Art from 25 Years of Animation* (San Francisco: Chronicle Books, 2011).

As novas instalações da PHC tiveram em conta o impacto das cores e cada área funcional está orientada nesse sentido, isto é, cores que inspiram tranquilidade, criatividade ou energia, em função dos objetivos de trabalho. Ao dizer isto estou a dizer que as cores e os apontamentos de cor têm de representar uma enorme preocupação para os gestores e para as pessoas que desenham os espaços das empresas.

Ainda bem que estas linhas conduziram à importância da organização dos espaços, para que eu possa reafirmar que o *open space* deve incluir zonas de passagem que permitam fluir sem constituir uma perturbação visual ou auditiva.

A passagem pelo coração do espaço representa um *perigo* idêntico ao sentido pelos primeiros hominídeos que tentavam sobreviver nas savanas.

Os corredores devem por isso ser tendencialmente lateralizados para preservar a segurança e o conforto do ambiente de trabalho.

O que aplicámos também nas salas de reunião, já que todas estarão preparadas para que possamos realizar *conference calls* sem perturbar as pessoas que estão próximas de nós no seu posto de trabalho habitual.

Todos os locais das novas instalações estão orientados para uma política de *clean desk*, ou seja, todos os colaboradores terão locais para guardarem as coisas que são dispensáveis no seu espaço de trabalho. Acredito que a dispensa deste *ruído visual* tem efeitos altamente positivos na organização do trabalho e na sua execução com a necessária ordem e eficácia.

A PHC valoriza a organização por respeito próprio e por respeito para com todos os outros.

Sinto que devo ainda advertir que mesmo uma gestão racional da dimensão do *open space* exige a introdução de mecanismos decorativos de corte visual, incluindo na sala da administração, que no caso da PHC (e presumo que esta revelação tenho algo de surpreendente) trabalhará em *open space* e estará visível para todos os colaboradores.

É uma política que considero bastante frutuosa: ver e ser visto.

Aplica-se à administração da empresa porque a transparência traduz-se também em atos aparentemente simbólicos, mas que fortalecem os laços entre as pessoas independentemente das posições hierárquicas.

Onde tudo começa

Todos os detalhes contam na organização do espaço de uma empresa, e se todos os detalhes contam, devemos começar literalmente pelo princípio: a zona da entrada e o rigoroso controlo de acessos. Já abordei a importância da receção nas estratégias de captação de talentos e de supertalentos, justificando que não existe uma segunda oportunidade para causar boa impressão à primeira vista.

É uma ideia que se aplica com igual importância para os clientes e para os visitantes de uma forma geral.

As empresas devem impressionar positivamente logo nos primeiros minutos e, se possível, antecipando o próprio processo de chegada. Por isso, a PHC instalou um sistema de boas-vindas que partilhará uma mensagem de acolhimento ao visitante em tempo real, através do ecrã colocado na receção.

Essa área de receção nas instalações no Lagoas Park já concentrava o espaço de lazer e a copa para mostrar abertamente a nossa cultura e partilhar a energia dos **PHCs**. Sentir a energia das pessoas a conviverem nos espaços de lazer e felizes com a qualidade das instalações pode ser contagiante e causar uma decisiva primeira impressão entre os visitantes.

É por isso essencial aproveitar essa energia e marcar de forma positiva os momentos de espera (inevitavelmente algo solitária) nesses espaços e potenciar a *employer brand* para reforçar a influência sobre as construções emocionais que resultam daquilo que se vê, ouve e sente no primeiro contacto.[81]

Os nossos prémios coletivos mais relevantes estarão expostos precisamente na entrada por se tratar de um espaço onde os visitantes se encontram disponíveis para absorver todos os detalhes.

É também na receção que se encontra um écran a emitir em contínuo informações relevantes sobre a PHC.

Nada pode ser deixado ao acaso para captar a atenção de quem visita a empresa.

Se aceitarmos que todos nós julgamos as outras pessoas nos primeiros 3 segundos de contacto e que confirmamos essas impressões nos 30

---

[81] Cf. Capítulo 4 – Como atrair, reter e valorizar talento e super-talento.

segundos seguintes, também concordaremos que provavelmente sucederá o mesmo na nossa experiência com as empresas.

As novas instalações da PHC potenciam estas estratégias para valorizar o espaço da receção, tendo em conta que sabemos que têm uma importância superior à sala de reuniões para onde as pessoas são depois conduzidas. As reuniões exigem foco nos assuntos que estão a ser tratados e perde-se naturalmente a atenção aos detalhes do espaço em si e da atmosfera circundante.

Aproveito esta reflexão sobre as salas de reunião e a eficácia na gestão do espaço para partilhar um dado que me parece diferenciador das novas instalações da PHC e que revela a precisão com que pensámos alguns dos pormenores.

As instalações no Taguspark terão inúmeros espaços sem reserva prévia para a realização de *conference calls* e reuniões *one to one*. Por um lado, porque existem muitos locais com estas características; por outro, porque facilitam a agilização dos contactos entre as pessoas e obrigam a circular pela empresa. Já agora: estes pequenos gabinetes permitem-nos também quebrar visualmente a imensidão do *open space*.

Também os projetos *non stop* serão desenvolvidos em salas especificamente preparadas. As pessoas dos vários departamentos que sejam envolvidas nessas iniciativas terão todas as condições para focarem a sua atenção e energia nestes curtos períodos de tempo. Os projetos *non stop* serão assim desenvolvidos em dedicação absoluta e com o necessário isolamento, na medida em que as salas garantem condições de trabalho e de lazer para ambientes desta exigência.

Tudo isto, dentro da empresa.

Uma empresa que terá as suas portas abertas para as *startups* que pretendem desenvolver os seus projetos com a PHC. A incubação será concretizada nas salas dos projetos *non stop* e com as mesmas condições.

Porque acreditamos na inovação aberta e coletiva, na partilha e no bem comum.

Eu sei que podemos ficar por decisões que tornem as nossas empresas apenas melhores do que as outras, mas os líderes que ambicionam a excelência terão de inspirar-se no Buzz Lightyear e saltar para lá do próprio infinito.

Alguns traços de humor devem-nos guiar a desafiar o óbvio. Por exemplo, deve uma casa de banho partilhada ser apenas aquilo que deve ser: um local estranho ao visitante e potencialmente constrangedor onde queremos estar o menos tempo possível? Ou devem também as empresas arriscar um *salto* e introduzir alguns elementos disruptivos?

Estou a pensar em paredes com animações divertidas, frases satíricas ou pormenores gráficos criativos.

Estou a pensar num *salto* que provoque aquele sorriso inesperado.

As casas de banho das novas instalações da PHC terão esse toque *fun* porque acredito que são locais que podem representar uma oportunidade para dizer algo mais sobre a nossa identidade e com custos muitíssimo reduzidos. Serão também exemplarmente limpas e permitirão uma utilização higiénica reduzindo os pontos de toque.

Pode não ser o arriscadíssimo e improvável salto de Buzz Lightyear, mas divertido será certamente.

Home from home

Uma empresa que ambiciona ser ***BEST EXPERIENCE AT WORK*** é necessariamente uma empresa que oferece condições de conforto que fazem as pessoas sentir-se (de algum modo) em casa. O *lounge* das novas instalações da PHC terá um *fun space* composto por vários elementos de mobiliário e decorações criativas que permitem descontrair em grupo ou individualmente, mas também fazer reuniões informais que dispensam os formalismos das salas convencionais.

É um espaço que está pensado e preparado para corresponder às necessidades variáveis de bem-estar que todos sentimos ao longo de um dia de trabalho.

É um espaço confortável e agradável que pode ser complementado com as salas criativas. A PHC aposta geneticamente na inovação e inovar implica condições adequadas. A sala criativa tentará *provocar* a criatividade através de frases inspiradoras, cores apelativas, design gráfico arrojado e mobiliário com características divertidas.

O facto de existirem estas salas criativas para momentos de inovação e o *fun space* para descontrair ou trabalhar com uma certa informalidade traduz na perfeição quem somos: descontraídos, mas profissionais.

Esse princípio exige que também tenhamos condições para o desenvolvimento de algumas tarefas específicas que exigem foco total, por exemplo, um espaço totalmente *sagrado* onde possamos estar em silêncio absoluto. Aquilo que em muitas circunstâncias seríamos tentados a fazer na tranquilidade da nossa casa, pode agora ser feito dentro da empresa e com as mesmas condições de conforto.

Sim: *home from home*.

A futura biblioteca da PHC disponibilizará esse espaço, onde as pessoas podem estar em privacidade, a pensar, a trabalhar com os computadores portáteis, a ler. Estarão disponíveis dispositivos *Kindle* com acesso gratuito à Amazon para fazer *download* dos livros necessários para as atividades ali desenvolvidas. Evitamos que as pessoas procurem espaços fora da empresa ou que sejam reservadas salas de reuniões coletivas para momentos de foco manifestamente individual.

Disponibilizaremos todas as condições para preservar a qualidade desse tempo na PHC.

Será um tempo de silêncio absoluto e sem quaisquer distrações.

O conforto da PHC no Taguspark terá necessariamente de aplicar-se ao estacionamento, que será prioritário para os clientes e terá condições especiais de atratividade para os colaboradores que se deslocam de motorizada ou de bicicleta, por exemplo, instalações perto da garagem para que possam tomar um duche rápido ou recompor-se nos dias mais rigorosos de inverno.

Quando refiro as garagens, não estou evidentemente a pensar no estacionamento dos sucessores contemporâneos dos 200 cv do Honda Integra. Estou a pensar nos carros elétricos, que terão tomadas disponíveis para carregamento, e no número cada vez maior de pessoas que se desloca de bicicleta e que adotou um estilo de vida saudável e energeticamente responsável.

Cabe também aos líderes olharem para estes detalhes e criarem condições concretas de conforto, por exemplo, não sendo adepto dos ginásios dentro das empresas, a PHC terá uma *box* de *cross fit* para o desenvolvimento de inúmeras atividades.

Na verdade, o sedentarismo pode ser contrariado com gestos irritantemente simples como posicionar as fontes de água em pontos centrais para que todos tenham de se levantar, caminhar, encontrar outras pessoas e conversar.

Beber água terá de dar algum "trabalho".

A centralidade dos principais serviços, como fontes de águas e a copa, por exemplo, favorece imenso estas dinâmicas de socialização e evita também o risco da criação de culturas e subculturas nos vários andares ou departamentos segmentados. Poderá parecer excessivo, mas estas estratégias permitem que pessoas que trabalham juntas acabem por se conhecer pela primeira vez quando noutras circunstâncias apenas se cruzariam nos jantares de aniversário da empresa.

Ou nem isso.

Todas as dinâmicas internas são fundamentais para estimular o contacto entre as pessoas e também por isso os eventos organizados internamente devem ser marcantes.

O auditório da PHC no Taguspark estará equipado com um incrível sistema de som para potenciar os vídeos e as palestras que mais facilmente galvanizarão as pessoas. Esse entusiasmo tornar-se-á contagiante e facilitará imenso a assimilação e transmissão da mensagem através da sua vivência.

Estamos igualmente preparados para aumentar a produção própria de vídeos com estes critérios exigentes de som e de imagem. Montámos um pequeno estúdio com a tecnologia necessária para a qualidade que estas ferramentas de comunicação exigem e duas salas para edição de imagem. Estamos assim a responder às necessidades de consumo de informação das novas gerações, nomeadamente a cada vez maior procura no YouTube de vídeos *how to do that*.

Queremos que as experiências de comunicação sejam marcantes e para isso teremos écrans com as dimensões necessárias para reforçar o poder do som e das imagens. Estarão instalados num auditório que tanto pode ser dividido em função da audiência, como ficar completamente vazio para acolher outro tipo de eventos. Esta versatilidade resulta da preparação prévia de um espaço para guardar as cadeiras e transformá-lo rapidamente sem esforço ou perda de tempo.

Os leitores que se lembram do final do *Disclosure* terão ainda na memória alguns fragmentos do intenso duelo verbal entre Meredith Johnson e Tom Sanders. Uma disputa que se prolongou até que fosse descoberta a verdade e a *mulher fatal* caísse em desgraça.

O que realmente me fascinou não foi tanto Demi Morre no fato de executiva, mas a facilidade com que aquele elegante *open space* da DigiCom foi rapidamente transformado num auditório. O que me impressionou foi ver os membros da administração sentados numa mesa alinhada com a plateia e a plateia confortavelmente sentada naquele súbito auditório natural.

O meu fascínio durou 25 anos e também as instalações da PHC no Taguspark foram desenhadas para aproveitar todas os espaços interiores e transformá-los numa espécie de auditório da Roma Antiga. Aproveitámos as características da arquitetura e será agora possível que 300 pessoas assistam confortavelmente sentadas nas escadarias ou nos vãos às nossas iniciativas de comunicação.

A DigiCom não existiu, mas a PHC existe, e com a ambição de ser uma ***BEST EXPERIENCE AT WORK*** em Portugal. E na Europa.

Três ideias a reter:

- Boas condições de trabalho têm um impacto incrível no desempenho de uma empresa;
- A receção é a parte mais importante de uma empresa;
- Todos os detalhes contam na construção de uma experiência de trabalho diferenciado.

CAPÍTULO 9

EVERY BUSINESS IS A SOFTWARE BUSINESS

Digitalizar para sobreviver à disputa global

«All successful startup processes should be geared to accelerate the feedback loop.»
Eric Ries

Neo começa por manifestar uma genuína surpresa quando encara o agente Smith. É isso que o espectador experimenta: uma forte apreensão perante um perigo consciente. Apesar de a ação decorrer na realidade virtual, também se pode morrer dentro da *Matrix*. Os espectadores sabiam disso e sabiam da impossibilidade de matar um agente. Só não sabiam que as inúmeras balas disparadas na direção do *prometido* pudessem ser desaceleradas ao ponto de ficarem inocentemente suspensas no ar. Como se a música tivesse parado naquele instante e as balas não soubessem o que fazer em todo aquele silêncio.

É o chamado efeito *bullet time*.

O tempo da narrativa liberta-se do tempo convencional.

A manipulação da temporalidade desacelera tanto a ação que quase a imobiliza e a realidade passa a desenvolver-se em duas linhas cronológicas distintas. Neo consegue superar um obstáculo que até então se revelara intransponível e as balas caem com uma leveza que parece coreografada.

Neo conseguiu superar o perigo porque agiu no seu próprio tempo.

Conseguiu paralisar as balas porque fez o seu tempo desacelerar sem que o tempo dos outros interrompesse o seu ciclo.

A trilogia dos irmãos Wachowski pode ser interpretada por inúmeros pontos de vista, mas o que podem as organizações aprender com a ficção cinematográfica quando competem num mundo real onde nunca há tempo a perder?[82]

---

[82] Christopher Grau (ed.), *Philosophers Explore The Matrix* (Oxford: Oxford University Press, 2005).

Parece-me que a questão é exatamente esta: como é que as empresas podem desacelerar o seu tempo deixando que o tempo dos outros continue o seu ciclo?

As organizações precisam cada vez mais de parar para pensar e para diagnosticar. É fundamental fazerem-no regularmente. Se pensarmos que uma equipa de futebol treina durante toda a semana focada na obtenção de resultados de excelência durante os 90 minutos de um jogo, uma organização complexa, como as empresas, estão sempre a jogar e sem tempo para treinar ao longo de todos os dias do ano inteiro.

O problema está algures por aqui: as empresas que apenas jogam, perdem o foco na melhoria contínua dos resultados e perdendo o foco ficam impossibilitadas de alcançar resultados de excelência.

A PHC também teve de aprender a parar para pensar. Aprendemos todos a desacelerar o tempo para depois ganharmos tempo de qualidade.

Parar para pensar tornou-se numa exigência dos gestores que estão focados na inovação permanente.

Estar assoberbado com as tarefas diárias e com solicitações múltiplas parece uma inércia empresarial onde parar é um luxo. É uma ilusão. Um gestor sensato sabe que no mundo imprevisível em que vivemos é fundamental parar para compreender e depois decidir.[83]

Parar uma empresa exige um planeamento rigoroso, e por isso criámos momentos bem definidos nos quais a PHC desacelera o tempo.

Começámos assim por definir o *governance* do ciclo estratégico através de um conjunto de momentos perfeitamente marcados na linha do tempo.

Até ao dia 31 maio, todos os departamentos da PHC produzem os seus diagnósticos e identificam exaustivamente todos os pontos fortes, pontos fracos, ameaças e oportunidades. Trata-se de uma análise *swot* que coloca em perspetiva não apenas o posicionamento de cada departamento, mas o posicionamento do departamento e da empresa na sua globalidade.

---

[83] Ricardo Parreira, «Quer ser um melhor gestor? Carregue no botão de "pausa"», cf. https://www.phcsoftware.com/living-at-phc/think-like-a-phc/quer-um-melhor-gestor-carregue-no-botao-pausa.

Os diagnósticos são depois analisados ao mais alto nível. Em junho, a Executive Committee (ExCo) define com ponderação as linhas estratégicas do ano seguinte, tendo em consideração os diagnósticos apresentados e os caminhos estratégicos que pretendemos seguir.

No mês seguinte, a ExCo analisa e pensa com cada um dos departamentos os respetivos objetivos e os correspondentes mecanismos de medição para cada uma das metas incorporadas nos objetivos.

Até setembro, os diretores de departamento vão reunindo entre si e com as suas equipas para definirem *budget* e planos de ação para atingir as metas dos objetivos. É um processo faseado. No dia 15 desse mês, enviam o resultado desse trabalho para que a ExCo possa analisar exaustivamente toda a informação e em outubro voltamos a parar para pensar com os diretores quais as decisões finais que devem ser tomadas.

A capacidade para aplicarmos o *bullet time* na PHC significa que, sendo capazes de desacelerar o tempo para pensarmos, no final de outubro aprovamos as metas, os objetivos, o plano de ação e o *budget* para o ano seguinte. Significa que estamos bem preparados e preparados a todos os níveis de decisão. O que exige um tempo de consolidação, e por isso mesmo definimos momentos não apenas para desacelerar o tempo, mas para imobilizá-lo.

Como o fazemos?

Em primeiro lugar, deslocamo-nos para um local reservado e isolado onde possamos estar focados nas nossas tarefas de arranque do ano seguinte sem quaisquer distrações. Em segundo, aproveitamos estes dias para fomentar as relações informais entre os vários diretores e comissão executiva.

Importa aqui reconhecer que a natureza das organizações gera naturalmente silos, na medida em que os departamentos, por regra, estão organizados em torno de objetivos, equipas e vidas próprias. Existe um perigo real de isolamento. Há que reconhecê-lo. O sucesso destes momentos em que desaceleramos o tempo para depois andarmos mais rápido, depende por isso da nossa capacidade para estimular as relações pessoais que no futuro permitirão com naturalidade desbloquear problemas e fomentar entreajuda espontânea em torno de objetivos comuns.

Existem alguns truques para que isto seja possível, por exemplo, definindo tarefas que exigem trabalho conjunto de reflexão e discussão de soluções ou estimulando apresentações interativas que impliquem debate de ideias. Também os momentos de descontração são utlizados para dinamizar de forma positiva e divertida as relações para que todos se possam conhecer melhor.

Quando Neo consegue separar o tempo da narrativa do tempo convencional fica muito mais forte e consegue superar todos os obstáculos com que se depara a partir desse momento. Porque define claramente o seu foco. Porque essa manipulação da temporalidade permite desacelerar a ação ao ponto de quase a imobilizar.

É uma imagem que se adequa à PHC.

Quando decidimos parar para pensar, estamos a assumir que o nosso foco está integralmente concentrado na preparação das nossas equipas para superarem dificuldades e atingirem os objetivos estratégicos.

Quando paramos o tempo, estamos a ganhar tempo e a ganhar tempo de qualidade porque só o foco na inovação permanente permite alcançar resultados de excelência.

É também uma imagem que se adequa à PHC: parar para depois andar mais rápido. A velocidade de uma empresa é muito semelhante a conduzir um automóvel: quanto mais longe se vê a estrada, mais depressa podemos ir.

Projects at speed

Cada novo ciclo numa organização deve começar com uma revisão do ciclo anterior. Estas dinâmicas de revisitação são altamente benéficas para as empresas que trabalham em projetos, ou seja, em ciclos que tendem a repetir alguns padrões. Olhar para trás permite detetar falhas para que sejam corrigidas, e integrar as práticas que se revelaram virtuosas.

Também aqui a PHC teve de evoluir de um *software* baseado em *check lists* para um modelo concetual baseado na *estória* do projeto.[84]

Percebemos que se trata de um fator decisivo, na medida em que as falhas nos projetos decorriam frequentemente devido às quebras de

[84] Karin Thier, *Storytelling in Organizations: A Narrative Approach to Change, Brand, Project and Knowledge Management (Management for Professionals)* (Berlin: Springer, 2018).

comunicação ou à comunicação deficiente. Era fundamental encontrar uma metodologia que fosse eficaz, mas sem ser demasiado complexa; que fosse eficiente, mas com regras simples e claras na gestão.

Tudo isto sem prescindir de uma característica essencial: a metodologia tinha ainda de permitir que aprendêssemos com cada um dos projetos.

O ciclo de vida do projeto encontra-se agora perfeitamente definido através de uma nova metodologia.

Projects at speed

1. Todos os projetos têm *personas* perfeitamente identificadas: *sponsor* (que define caminhos e explora novas ideias); gestor (que garante que todos os passos estão a ser cumpridos e sem falhas); cliente (que aprova e gera *feedback* para ser incorporado no ciclo seguinte);
2. *Kick off* com todos os envolvidos perfeitamente alinhados nos objetivos e tarefas a executar;
3. Definição prévia dos chamados «entregáveis»: o que será entregue? como? por quem? para quê? quando?;
4. *Debrief*: o que aprendemos para incorporar no projeto seguinte.

Adiei propositadamente um detalhe que gostaria agora de partilhar: esta metodologia faz viver o conceito da catedral. Permite-nos compreender sempre como é que a tarefa individual tem importância na totalidade do projeto, estamos a construir coletiva e conscientemente algo maior do que todos nós. Estamos a construir a tal catedral.

É este fator extraordinário de motivação individual que permite melhorar substancialmente a execução e obter resultados de excelência.

As pessoas sabem que estão a *partir pedra* para a construção de uma catedral que será por todos admirada e amada. Estamos todos a trabalhar para a catedral e sabemos porquê.

A implementação desta metodologia ***Projects at Speed*** melhora os circuitos de informação e fomenta a execução de excelência, na medida em que exige pensamento e foco permanentes. Integrámos assim mais um hábito positivo que se tornou parte do próprio **PHC DNA**: todos os projetos ensinam para o projeto seguinte.

Quando penso nesta melhoria contínua tenho presente o chamado "*loop* de lean", ou seja, um ciclo centrado em diagnosticar, pensar, reagir e incorporar *feedback* para depois o repetir novamente.

Nas empresas de tecnologia, por exemplo, existem casos bem documentados da aplicação desta metodologia: estudar o mercado, produzir um MVP (Minimum Viable Product), lançá-lo, recolher o respetivo *feedback* dos clientes e depois incorporá-lo na melhoria do produto. A repetição deste *loop* inúmeras vezes e em ciclos muito rápidos permite apresentar num curto espaço de tempo o produto que os clientes desejam.[85]

Este *loop* é absolutamente fundamental porque permite incluir progressivamente o *feedback* dos clientes.

Já tive oportunidade de alertar para o imenso perigo que significa ignorar o *feedback* por uma mera questão de ego. Chamei-lhe o grande perigo para uma *startup*, explicando o potencial destrutivo que representa, por cegar aquela que deve ser a paixão de todos os empreendedores: a paixão pelo cliente representado pela paixão pelo produto.[86]

Quando uma *startup* esquece o cliente e se apaixona por si própria, ouve menos, está menos predisposta à mudança, cria barreiras ao seu crescimento. O ego inflacionado faz com que se arrisque a morrer mais cedo.

Como combatê-lo? Aliando a confiança à humildade: porque só assim se constrói a competência que permite fazer crescer o negócio.

Bem sei que existem divergências quanto ao número rigoroso de *startups* que falham, mas menos dúvidas existirão de que falham porque estão demasiado apaixonadas por si próprias. A falta de humildade trava o foco dos gestores e das empresas. Tal como as pessoas nas suas vidas, tendem a focar-se mais no urgente e menos no importante.

É esse o desafio. Saber ouvir. Saber transformar os assuntos mais importantes naqueles que são tratados com maior urgência.

---

[85] Eric Ries, *The Lean Startup: How Today's Entrepreneurs Use Continuous Innovation to Create Radically Successful Businesses* (New York: Crown Publishing Group, 2011).

[86] Cf. Ricardo Parreira, «Ego, o maior perigo de uma *startup*», jornal *ECO*, 23 de novembro de 2016.

Mudança para a sobrevivência

Num passado mais próximo do que o caminho que nos separa daquela galáxia muito, muito distante, as empresas sabiam que crescer implicava mudar alguma coisa e que para manter os níveis (acreditavam por oposição, claro) bastava manter tudo como estava.

Os dois pressupostos estão atualmente errados. São uma herança de uma forma de gestão desenvolvida e aperfeiçoada para um mundo menos rápido e mais previsível que hoje não existe. Gerir uma empresa de forma competitiva requer uma nova abordagem apenas possível quando se coloca o software no centro da gestão e se abrange todos os departamentos e todas áreas de atividade da organização.

As velhas formas de fazer, a que costumo chamar de «gestão à antiga», mantêm as empresas presas ao passado, fazendo tudo da mesma forma, criando uma espiral de negação do potencial que a tecnologia tem em todas as áreas da gestão. O que inevitavelmente coloca o negócio em desvantagem competitiva em relação aos restantes *players* do mercado, conduzindo-as progressivamente para uma posição de falta de competitividade.[87]

As empresas de hoje sabem que a qualquer momento pode surgir um concorrente que começa a fazer exatamente o mesmo e pode até fazê-lo melhor e mais barato. Aliás, até é provável que o faça. O que obriga a reagir rapidamente ao que está a acontecer, a adaptar às novas condições ou, idealmente, a antecipar. As empresas que sabem o significado deste ambiente sabem que até para sobreviver têm de estar em permanente mudança e enfrentar dinâmicas que provocam enorme stress.

O ser humano está programado para a continuidade. O nosso cérebro foi treinado para recear as mudanças e esses instintos primários de sobrevivência da espécie humana resultaram numa consolidação genética desta resistência.

Penso que pode ser interessante partilhar três ideias-chave sobre as dinâmicas de mudança.

---

[87] Cf. Ricardo Parreira, «Gestão na era da transformação digital», *Líder*, 9 de agosto de 2018.

Dinâmicas de mudança

1. É fundamental desenvolver uma mentalidade de mudança nas organizações. Os gestores têm de saber criar condições para ajudar as pessoas a apreciarem as mudanças, e devem fazê-lo frequentemente sabendo que as mudanças têm de ser rápidas e baratas. Por um lado, porque a concorrência também está a mudar e porque o cliente não espera que as empresas mudem; por outro, deve ser barata porque, estando melhor informado, o cliente pode procurar outra empresa a qualquer momento. Se a concorrência consegue fazê-lo de uma forma mais económica ou se o resultado é incerto, o custo a que se consegue mudar assume uma enorme importância;
2. É igualmente vital possuir as ferramentas necessárias para fazê-lo, por exemplo, o *software* deve ser suscetível de mudar, caso contrário, tornar-se-á num fator de resistência à própria mudança. Pode tornar os processos mais lentos e mais caros. As empresas precisam de *software* «amigo» da mudança;
3. Tratando-se de uma dinâmica permanente, o sucesso depende da cultura das empresas. Uma energia indomável em procurar o que deve ser mudado. Esta cultura da melhoria contínua colide, de certa forma, com a mentalidade latina do «desenrascanço», ou seja, uma atitude de adiamento dos problemas e raras vezes da sua resolução frontal e definitiva. Isto sim, distingue os gestores e as empresas de excelência: antecipar o problema para que não chegue sequer a manifestar-se. Se existe uma palavra que faça esta síntese? Sim, existe: inovação. A capacidade de inovação permanente significa que estamos preocupados com o que pode correr mal e empenhamo-nos genuinamente na sua resolução.

Comecei por partilhar estas dinâmicas de mudança porque resultam de uma reflexão iniciada há alguns anos, quando eu estava a caminho de uma conferência nos Estados Unidos. Reparei, por mero acaso, num cartaz enorme colocado numa das zonas de circulação de passageiros num aeroporto de Washington.

Não me lembro em rigor do nome da empresa, mas lembro-me perfeitamente da frase *every business is a software business*. Uma frase que me levou a estudar todos os potenciais significados para as empresas, no sentido de desenvolver um conceito quando ainda estávamos a anos-luz do aparecimento de empresas como Uber, Netflix ou Airbnb, ou seja, do mais puro *software business.*

Para manterem índices altos de rentabilidade na sua atividade, todas as empresas precisam de criar uma relação de valor com os seus clientes e todas precisam também de desenvolver mecanismos altamente eficazes de comunicação interna com os colaboradores. Precisam de melhores processos, melhor tomada de decisão, de proporcionar uma experiência de valor e de aproveitar a inteligência coletiva.

Este é o novo patamar da gestão: mais rápida, mais personalizada e mais otimizada. Só assim as empresas conseguem ter a capacidade de adaptação para responder a um ambiente cada vez mais volátil e imprevisível.

Se for agora perguntado «como?», a resposta está há muito escrita na parede daquele aeroporto: *software* porque *every business is a software business.*

Todas as empresas são diferentes entre si e têm as suas próprias especificidades culturais. O que se traduz em processos internos distintos. Aliás, quando trocam de empresas, os gestores nunca levam consigo os processos – mesmo se existirem pontos comuns entre as realidades. O que significa que cada empresa necessita não apenas de ter *software* adequado às suas exigências concretas, mas também de capacidade para desenvolver adaptações às novas realidades.

Como é que as empresas podem atingir em permanência os níveis mais elevados da otimização?

Se for me permitido antecipar alguma coisa do futuro dispensando uma voltinha no DeLorean, diria que as empresas terão de caminhar para a criação de equipas internas de desenvolvimento de *software* para serem capazes de se adaptarem com rapidez aos sucessivos desafios que terão de enfrentar.

Esta adaptação exigirá que implementem os processos das chamadas *software house*, isto é, equipas de desenvolvimento, equipas de análise, equipas de implementação e equipas de avaliação de implementação.

O conceito *every business is a software business* significa que o *software* se tornou num fator crítico para o sucesso das empresas e para a sua sobrevivência. Os gestores que exigirem para as suas empresas *performances* altamente eficientes e eficazes terão de se adaptar e olhar para o *software* como um fator crítico.

Regresso por isso ao que deixei escrito num capítulo anterior: o *darwinismo* das organizações determina que não são as maiores empresas que sobrevivem nesta disputa global, mas aquelas que mais rapidamente se adaptam à mudança.

Poucos (por prudência evitei afirmar *nenhum*) serão os negócios do futuro que poderão dispensar algum tipo de *software*.

O cliente contemporâneo tem acesso a muito mais informação, pode procurar ainda mais informação adicional e pode mudar muito mais depressa e mais facilmente entre empresas porque as barreiras à saída quase desapareceram. Diria que o poder se transferiu de quem vende para quem compra e o poder do cliente aumentou exponencialmente. Uma transformação desta dimensão exige que as empresas se adaptem mais rapidamente, insisto.

Conforme julgo ter explicado no processo de construção dos nossos valores, o **PHC DNA** assume essa paixão pelo cliente e concretiza-a assumindo que o cliente tem sempre opinião e nós temos de ser capazes de saber ouvir. O que implica recolher opiniões regularmente para melhorar o nosso contributo para o sucesso das suas empresas. Este compromisso da PHC com os seus clientes significa que sentimos o seu sucesso como o nosso próprio sucesso.

Este caminho para satisfazer o cliente tornou-se inevitavelmente digital.

O cliente procura produtos e serviços que sejam baratos, que sejam rapidamente disponibilizados e que respondam às suas necessidades. A resposta a estas três dimensões encontra-se no ambiente digital.

O preço implica que as empresas possuam um forte controlo de custos através de um *software* específico; a capacidade de resposta em tempo real exige agilidade na transformação de *big data analytics* em informação de suporte das decisões humanas; a satisfação pressupõe a obtenção de *feedback* do cliente sobre as suas necessidades e expectativas através de estratégias do *marketing* digital e de gestão inteligente das redes sociais.

Não se trata propriamente de uma revolução digital, mas de uma enorme transformação do poder do cliente que exige agora às empresas a definição de um caminho digital, no sentido de aumentar o poder das pessoas que estão dentro das empresas. São as pessoas que reagem à informação. São as pessoas que definem caminhos. São as pessoas que tomam decisões.

Esta satisfação do cliente só vai ser possível através do caminho digital. Os gestores que encaram o software como algo apenas obrigatório e um custo adicional, não irão aproveitar esta oportunidade. Não aproveitando, irão ter cada vez mais dificuldades em acompanhar a concorrência (que aproveita) e assim não conseguirão responder às exigências dos negócios do futuro.

Ser digital não significa ter um site e estar presente nas redes sociais. Não. O caminho digital deve ser percorrido na consciência do aumento do poder do cliente e as decisões devem por isso ser tomadas em função de um propósito e de uma estratégia.

Hoje, um dos maiores problemas que os negócios enfrentam ao nível da gestão diz respeito à retenção e satisfação de clientes: a chamada *customer experience* – vetor fundamental para todas as empresas, de todas as indústrias, que queiram chegar ao sucesso.

É um dos pontos que as distingue das demais, num mercado onde os produtos disponíveis se assemelham cada vez mais entre si. Num mundo onde a oferta se multiplica, fatores como o conforto, o reconhecimento, o agradecimento ou a surpresa ditam que o foco no cliente é um caminho incontornável para se ser bem-sucedido.

Ora, não é possível proporcionar uma boa experiência ao cliente se não usarmos as ferramentas certas, que nos dão informação em tempo real e permitem que quem compra os nossos produtos perca menos tempo e tenha um serviço mais personalizado.

Também não é possível gerir uma empresa de forma competitiva se as equipas não tiverem as ferramentas que lhes permitem colaborar de forma rápida, intuitiva e mais produtiva. Ou sem que os gestores tenham a informação em tempo real para tomarem as melhores decisões no menor tempo possível.

Estes são alguns exemplos que ditam que a tecnologia proporciona ganhos significativos, mas, acima de tudo, traz perdas enormes a quem não a entende como um pilar incontornável da boa gestão.

É neste novo mundo da gestão que a tecnologia pode fazer toda a diferença, tendo o *software* um papel fundamental neste aspeto crucial que é a experiência do consumidor: sem ele, é impossível alcançar a distinção em todos os pontos de contacto com diferentes *stakeholders*.

As empresas têm de adaptar os seus caminhos digitais em função das necessidades dos clientes. Fazer por fazer é apenas um desperdício de tempo e de energia, uma ilusão, sem que previamente respondamos: «porquê?» e «para quem?».

Mas para responder «porquê?» e «para quem?», é fundamental desacelerar o tempo e pensar antes de responder.

O sistema nervoso das empresas

Já terei perdido a conta ao número de personagens que compõem a saga do *Exterminador Implacável*, mas sei que o ponto central de narrativa se mantém: o *software* do futuro regressa ao presente para matar o *software* do passado.

Podem as empresas morrer por causa de um mau *software*?

Perguntando desta forma, terei de acrescentar que o bom *software* para empresas é aquele que as humaniza.

Sim, a tecnologia humaniza as empresas através do sistema nervoso digital.

Trata-se de um conceito que recorre à metáfora do organismo vivo para descrever uma empresa e o seu funcionamento interno. Em função desse metabolismo, o sistema nervoso digital oferece soluções inteligentes para o processamento das tarefas repetitivas.

Vejamos esta imagem: quando colocamos a mão sobre a chama de um isqueiro, sabemos que as células ameaçadas pelo calor intenso lançam um alerta ao cérebro através de impulsos elétricos. O cérebro identifica a ameaça, toma uma decisão e ordena a sua execução por parte da mão e do próprio braço: é preciso sair dali.

O cérebro aprende com esta experiência e o isqueiro passa a representar um sinal de alerta prévio sem que se manifestem os efeitos da chama.

É desta forma simplificada que reage o sistema nervoso, mas é precisamente esta agilidade ação/reação que interessa às empresas.

Quando surge um problema ou obstáculo é necessário que exista um sistema de alerta que faça essa informação chegar a quem compete decidir;

deve depois ajudar no processo de tomada de decisão e, por fim, o sistema deve executar a própria ordem.

Para que esta reação seja rápida e eficaz, as empresas necessitam de um sistema nervoso digital, ou seja, um *software* que monitoriza o que está a acontecer, sistematiza informação considerada relevante e envia as respetivas notificações pelas mais diversas vias para o centro de decisão.

Posso exemplificar desta forma: o sistema nervoso digital deteta uma ordem de pagamento que necessita de determinada autorização para ser efetuada e envia de imediato a respetiva notificação, sendo que basta que essa pessoa proceda à aprovação com um simples clique no seu telefone.

O sistema garantiu assim uma resposta rápida e eficaz, de acordo com os parâmetros previamente codificados.

Sim, estou a falar de **Business@Speed**: uma prioridade da PHC.

Estou a falar da nossa marca identitária: pensar, projetar e criar soluções inovadoras de *software* à medida das empresas e das suas ambições.

O mundo dos negócios há muito que ultrapassou a ideia de que o *software* existe para gerir processos ou agilizar a faturação. É muito mais. O *software* tornou-se na ferramenta que transforma a empresa num sistema nervoso digital tão eficaz como o corpo humano.

Talvez possa acrescentar outro exemplo: se determinados indicadores atingem níveis considerados preocupantes, o sistema emite um alerta imediato; digamos que estamos a falar de reclamações ou de pedidos de assistência: quando se atinge o limite de capacidade de resposta razoável, quando o *fumo* começa a ser visível, o sistema alerta para o risco de *incêndio*.

É verdade que a dimensão e a complexidade das grandes empresas justifica plenamente a existência de um sistema nervoso digital, mas é igualmente verdade que também as pequenas e médias empresas necessitam ainda mais deste *software* precisamente porque têm menos recursos.

Quanto menos recursos existem, maior a importância dos alertas atempados sobre uma quebra de vendas de determinado produto ou o vencimento de uma fatura.

Poucos recursos traduzem-se em menos tempo e por isso mesmo justificam mais tecnologia.

O retorno é incrível e determinante para fazer a diferença no funcionamento interno e no relacionamento com os clientes.

É evidente que estas empresas não necessitam do mesmo *software* que as grandes, mas é precisamente nesse sentido que a PHC desenvolve os seus produtos e com os custos adequados.

É uma questão de proporcionalidade.

A complexidade do *software* evolui com o crescimento da empresa e tudo isto acontece beneficiando dos enormes benefícios do desenvolvimento da internet e da mobilidade.

A disponibilização do alojamento do *software* em *cloud* significa que as empresas podem aceder em segurança e com eficácia às suas funcionalidades. No passado, implicava comprar servidores, montar uma rede, comprar e instalar o *software* e ter pessoas responsáveis pelas atualizações e pela manutenção de *firewalls*.

Um ciclo que se esgotava rapidamente com as inovações seguintes.

O mundo mudou e mudou quando a Apple colocou nos nossos telemóveis um *browser* para acedermos à internet onde e quando quisermos.

A *cloud* permite agora que as empresas façam uma subscrição de utilização do *software* à sua exata medida, pagam o que usam sem o comprar, garantindo assim a atualização e a proteção de todos os dados. O que dispensa as pequenas empresas dos pesados investimentos iniciais com *software* de gestão e respetiva manutenção.

O sistema nervoso digital humaniza as empresas porque responde às necessidades do mundo contemporâneo, ou seja, à economia da experiência. A experiência da compra, a experiência dos pontos de contacto, a experiência do tratamento e a experiência da rapidez.

É responsabilidade do *software* garantir tudo isto e ao fazê-lo está a libertar os gestores para se focarem naquilo em que podem fazer a diferença: os colaboradores e os clientes.

Três ideias a reter:

- As empresas que se adaptarem à evolução digital serão as que sobreviverão à mudança;
- O cliente tem hoje um poder que nunca vimos e que está a criar um novo mundo dos negócios;
- Sem um sistema nervoso digital nenhuma empresa conseguirá manter-se competitiva.

NOTA FINAL

A minha experiência à frente da PHC tem sido uma verdadeira escola de gestão. Ensinou-me muito mais do que conseguiria escrever neste livro, mas espero que a partilha que aqui faço seja útil para quem procura ideias e linhas orientadoras, com exemplos comprovados, para melhorar a gestão de uma empresa.

Com isto não quero dar a ideia de que o meu percurso académico foi insuficiente, pelo contrário. A licenciatura em gestão preparou-me muito bem desse ponto de vista, o MBA em *marketing* foi um bom upgrade e mais recentemente o curso avançado em gestão provou ser uma renovação de competências. Valorizo muito o conhecimento académico e espero que estas páginas não sejam vistas como uma tentativa de o substituir, mas como uma forma de o complementar.

Como referi no início, a gestão é acima de tudo uma atividade prática. Aprende-se a fazer através da experiência e da partilha. E estes foram alguns exemplos da minha experiência que me ajudaram a tornar um melhor gestor de empresa, um melhor líder de pessoas para fazer crescer a PHC.

As dificuldades neste caminho foram muitas e um livro pode ter tendência para dar a entender ao longo destes capítulos que 30 anos de gestão foram fáceis. Não foram, longe disso. Houve momentos em que tudo parecia que ia falhar e onde tive de tomar decisões difíceis – umas melhores do que outras. Mas foram todas elas que me fizeram crescer e que permitiram que hoje fosse possível partilhar algumas das fórmulas de sucesso que encontrei.

Permitam-me que partilhe algumas neste capítulo final. No início da PHC o dinheiro era escasso e bastava um mês parado ou alguns atrasos de pagamentos para que começássemos a fazer contas. Houve mesmo um mês em que não tínhamos dinheiro para pagar os salários e chamei todos os colaboradores, um por um, para lhes perguntaram que dinheiro necessitavam para pagar as obrigações mais urgentes que tinham e dar-lhes a respetiva quantia. Foi o dia mais difícil na PHC, mas sobrevivemos.

Também já tivemos momentos de contenção, durante a crise de 2013, onde tivemos de fazer cortes. Não nas pessoas, que são o nosso valor mais precioso, mas foi necessária alguma contenção orçamental temporária. Com a ajuda de todos, sobrevivemos.

Também vimos os gigantes mundiais entrar no mercado português e começar a competir diretamente connosco. Podíamos ter baixado os braços, mas vimos como um desafio de superação que também foi superado. Soubemos que para competir de igual para igual teríamos de ser melhores e esse espírito de inovação constantes e excelência na execução permite que a PHC hoje esteja na sua melhor altura de sempre.

Lembro que a empresa que começou em 1989, apesar de todos os desafios que atravessámos, nunca deu prejuízo, não tem dívidas estruturais e bate os recordes de vendas há quatro anos consecutivos. Não é fruto do acaso. É fruto de levarmos muito a sério o que escrevi ao longo deste livro.

Espero, acima de tudo, que esta partilha seja útil – seja para um gestor que procure novas formas de melhorar a sua empresa, seja para um estudante de gestão que procure percorrer mais rapidamente o caminho que eu percorri, seja apenas para um curioso que pretenda conhecer o que tenho para partilhar.

Tentei dar o máximo de exemplos ao longos destas páginas, pois sei que cada pessoa, cada equipa e cada empresa, têm a sua realidade muito própria, pelo que o meu objetivo foi dar ideias de ações que o leitor pode adotar e assim melhorar a sua vida. Bastará adotar uma e já valeu o esforço (e imenso prazo) de ter escrito este livro.

Sei também que muito ficou por escrever e que certamente alguns gostariam que falasse com maior profundidade sobre alguns temas específicos ou que abordasse outros que aqui não foram mencionados.

Questões como a inteligência artificial, o futuro do trabalho, as metodologias ágeis de gestão, a economia da subscrição ou a importância da *cloud*, facilmente seriam abordadas. Mas o tempo e o espaço para um livro são limitados. Terão de ficar para uma obra, mais focada no futuro e não tanto no presente.

Neste livro foquei, com base na minha experiência, o que um gestor pode fazer, que ideias e técnicas podem ser colocadas em prática para gerir melhor os três aspetos fundamentais da boa gestão: gerir-me, gerir os outros, gerir a empresa.

Sabendo que gerir é acima de tudo uma atividade prática, espero que algumas sejam aproveitadas e que vejam a ser úteis noutras empresas.

Acrescentei ainda um posfácio ao livro, onde recomendo doze obras que me inspiram e que podem ser lidas num ano como se de um curso de gestão se tratasse. Penso que podem ser úteis, especialmente a jovens gestores que pretendem aprofundar os seus conhecimentos.

Termino com a convicção e a esperança que uma melhor gestão contribui definitivamente para melhores empresas e como tal melhores países. Uma gestão focada na excelência obtém grandes resultados e isso contribui para que cada um dos colaboradores beneficie do seu progresso. Identifico na melhor gestão a solução para muitos dos problemas na sociedade e uma contribuição importante para a felicidade no trabalho.

Espero continuar a ajudar nesta missão de levar a gestão dos nossos clientes e dos seus países a níveis muito mais altos.

Até já.
Ricardo

POSFÁCIO

12 livros para ler em 12 meses

O desafio de um jovem gestor começa por saber onde vai começar a orientar as suas forças. Como qualquer gestor, sabe que os minutos são limitados e tem de fazer opções. Onde deve investir o seu tempo?

Vivemos num mundo cada vez mais competitivo e os gestores sabem disso. Necessitam de ser melhores todos os dias e enfrentar o mercado.

Quando olho para os 25 anos de PHC, sei que cometemos erros que hoje não cometeria. Fruto da experiência, mas também do que fui aprendendo com os outros. Se há erros que poderia ter evitado, foram os que só aconteceram porque ainda não tinha lido alguns livros que hoje considero fundamentais.

Por isso fiz um exercício retrospetivo e selecionei doze obras necessárias para todo o gestor e, em especial, para os que estão a começar. Se um jovem gestor ler uma destas obras por mês, será um gestor diferente no espaço de um ano.

Sem uma ordem específica, esta é a minha lista:

Mês #1

9 things sucessful people do differently

Heidi Grant Halvorson explica-nos as estratégias que as pessoas com sucesso seguem para atingir os seus objetivos. Com base em pesquisa empírica, demonstra que as pessoas têm sucesso pelo que fazem e não pelo que são. Este foi um livro que me fez olhar para as minhas atitudes de forma diferente e perceber o que devia manter e o que podia alterar para ter maior possibilidade de sucesso.

Mês #2

Learn optimism: how to change your mind in your life

Se há coisa que um gestor de sucesso tem de ter é otimismo e capacidade para colocar em perspetiva as adversidades. Este livro de Martin Seligman prova, do ponto de vista económico, o aumento da *performance* com estudos de seguradoras e dos vendedores das mesmas. Demonstra como o otimismo é uma característica fundamental para o sucesso e é importante para um gestor porque explica que o que acontece de mal são circunstâncias que eu não controlo e o que acontece de bom é porque fizemos alguma coisa para o conseguir.

Mês #3

Duct tape marketing

John Jantsch dá-nos um conjunto de ideias muito práticas ótimas para quem está a começar uma empresa. É uma leitura excelente para quem está a começar um negócio ou quem quer apenas algumas ideias para o dia a dia.

Mês #4

The presentation secrets of Steve Jobs

Um dos melhores livros sobre como construir uma apresentação. Carmine Gallo estudou a forma como Steve Jobs apresentava e fornece-nos um conjunto de técnicas e métodos para construir as melhores apresentações. É uma leitura obrigatória.

Mês #5

The Lean StartUp

Porque é que algumas ideias sucedem e outras falham? Este livro explica-nos como colocar em prática uma grande ideia e desenvolver um produto. Podemos considerar o *Lean StartUp* como um conjunto de ferramentas para testar e aperfeiçoar uma ideia antes de a lançarmos para o mercado. É muito útil.

Mês #6

The Five Dysfunctions of a Team: A Leadership Fable

Cheguei a este livro através de um amigo que o leu e enviou-me uma cópia. Cheguei a dar formação sobre os assuntos do livro. Aliás, é muito giro. Conta a história de uma empresa e ensina-nos como resolver problemas do funcionamento de uma equipa.

Mês #7

Good to great: why some companies make the lead

Jim Collins estudou as empresas cotadas em bolsa ao longo de cinco anos para procurar as variáveis-chave que permitem que uma empresa seja capaz de feitos memoráveis. Porque é que depois de doze anos a crescer e uma mudança de CEO, essas empresas cresceram durante mais doze anos? Collins dá-nos essa resposta e coloca a cultura empresarial no centro do sucesso.

Mês #8

Neuromarketing – O centro nevrálgico da venda

Christophe Morin e Patrick Renvoisé ajudam-nos a compreender como a pesquisa sobre o funcionamento do cérebro humano ajuda-nos no processo de venda e dizem-nos como o processo de tomada de decisão funciona e permitem-nos ajustar as nossas mensagens de *marketing* para melhorarmos a sua eficácia.

Mês #9

Made to Stick: Why Some Ideas Survive and Others Die

É uma leitura obrigatória para compreender porque algumas ideias fixam na nossa memória e outras desvanecessem-se. São diversas histórias e pensamentos provocativos que mostram, por exemplo, como um cientista australiano convenceu o mundo que havia descoberto a causa da úlcera no estômago por ter bebido um copo que continha a bactéria ou como se convenceram investidores a apostar no famoso filme *Speed* sem lhe fornecer qualquer informação. Coloca-nos o mundo em perspetiva.

Mês #10

How to win friends and influence people

Este livro é "o clássico" e talvez devesse ser lido logo no primeiro mês. Permite-nos melhorar a nossa relação com as outras pessoas através dos concelhos pertinentes de Dale Carnegie. Alguns dos exemplos devem ter compreendidos à época, mas a base do livro continua tão atual quanto o foi em 1936. Vale ouro.

Mês #11

A Arte de Tornar-se Inútil: Desenvolvendo líderes para vencer desafios

Foi um dos livros sobre liderança mais giros que já li. A essência do livro de Ricardo Vargas toca o grande problema dos jovens empresários da microgestão, desafia-os a sair da frente das suas equipas e a ter de delegar. É a essência do *four hour week*. Com um senso de humor que torna o livro tudo menos aborrecido, ensina a delegar e a passar a autoridade. Os empresários que o lerem terão uma nova forma de gerir a sua empresa.

Mês #12

Os 7 Hábitos das Pessoas Altamente Eficazes: Lições poderosas para a transformação pessoal

O livro de Stephen R. Covey foi o mais difícil da minha vida. Durante a leitura estava constantemente a pensar que eu era uma pessoa sem foco na gestão pessoal, mas quando comecei a implementar os ensinamentos do livro, mudei a minha vida. O livro coloca o que fazemos em perspetiva com exemplos como "o que a tua mulher vai escrever na tua campa?". É difícil de digerir, mas quando se descobre o propósito do livro, ficamos mais focado e tudo se torna simples. Este livro também tem uma história engraçada: houve um Natal em que comprei este livro para 20 amigos meus, mas apenas 3 leram. É uma pena.

BIBLIOGRAFIA

Amidi, Amid.*The Art of Pixar: 25th Anniv.: The Complete Color Scripts and Select Art from 25 Years of Animation*. San Francisco: Chronicle Books, 2011.

Attention in the Digital Age, Microsoft (2015).

Brown, Tim. *Change by Design: How Design Thinking Transforms Organizations and Inspires Innovation*. New York: HarperBusiness: 2009.

Candau, Joël. *Anthropologie de la mémoire*. Paris: Presses Universitaires de France, 1996.

Catmull, Ed. Wallacereativity, Amy. *Creativity Inc.: Overcoming the Unseen Forces That Stand in the Way of True Inspiration*. New York: Random House 2014.

Charnas, Ian. *Inbox Zero: How to Stop Checking E-mail and Start Finishing It*. Inbox Zero Solutions, 2018.

Clavell, James. *Tai-Pan*. New York: Atheneum, 1966.

Collins, Jim. *Good to Great: Why Some Companies Make the Leap and Others Don't*. New York: HarpperCollins, 2001.

Connerton, Paul. *Como as sociedades recordam*. Oeiras: Celta Editora, 1999;

Cook, David Lamar. *Seven days in Utopia – Golf's sacred journey*. Zondervan: Michigan, 2009.

Covey, Stephen R. *The 7 Habits of Highly Effective People: Powerful Lessons in Personal Change*. New York: Simon & Schuster, 1989.

Danziger, Shai; Levav, Jonathan; Avnaim-Pesso, Liora. «Extraneous factor in judicial decisions», *PNAS*, April 26, 2011, vol. 108; n.º 17.

Duhigg, Charles. *The power of habit: Why we do what we do in life and business*. New York: Random House: 2012.

Duncan, Melba J. «The Case for Executive Assistants», *Harvard Business Review*, May 2011.

Ferriss, Timothy. *The 4-Hour Work Week: Escape the 9-5, Live Anywhere and Join the New Rich*. New York: Random House: 2007).

Gallo, Carmine. *The Presentation Secrets of Steve Jobs – How to be insanely great in front of any audience*. New York: McGrawHill Education, 2016.

Gladwell, Malcolm. *Outliers: The Story of Success*. New York: Little, Brown and Company, 2008.

Goleman, Daniel. *The Hidden Driver of Excellence*. New York: Harper Paperback, 2015.

Goleman, Daniel; Davidson, Richard. *The Science of Meditation: How to change your brain, mind and body*. New York: Penguin Life, 2017.

Goleman, Daniel; J. Davidson, Richard. *Altered Traits: Science Reveals How Meditation Changes Your Mind, Brain, and Body*. New York: Avery, 2017.

Grau, Christopher. *Philosophers Explore the Matrix*. Oxford: Oxford University Press, 2005.

Halbwachs, Maurice. *Le Mémoire Collective*. Paris: Presses Universitaires de France, 1950.

Halvorson, Heid Grant. *Nine things successful people do differently*. Harvard Business Review Pres, 2011.

HBR's 10 Must Reads Ultimate Boxed Set. Harvard Business Review Press, 2013.

Jones, Bobby. *Golf is my game*. London: Chatto & Windus, 1961.

Kleinbaum, N. H. *Dead Poetes Society*. New York: Hyperion, 2006.

Kozhevnikov, Maria. Louchakova, Olga; Josipovic, Zoran; A. Motes, Michael. «The Enhancement of Visuospatial Processing Efficiency Through Buddhist Deity Meditation», *Psychological Science*, May 1, 2009.

Lencioni, Patrick. *The Five Dysfunctions of a Team: A Leadership Fable*. San Francisco: Wiley Imprint, 2002.

MacLean, Paul. *The Triune Brain in evolution: Role in paleocerebral functions*. Springer: 1990.

McKeown, Greg. *Essentialism: The Disciplined Pursuit of Less*. New York: Crown Business, 2014.

Noah Harari, Yuval. *Sapiens: A Brief History of Humankind*. New York: Random House: 2014.

Osuna, Elías. «The psychological cost of waiting», *Journal of Mathematical Psychology*, vol. 29, Issue 1, March 1985.

Ott, John N. *Health and Light: The extraordinary Study that Shows How light Affects Your Health and emotional well being*. New York: Ariel Pr, 2000.

Pareto, Vilfredo. *Manual of Political Economy*. Oxford: Oxford University Press, 2014;

Pink, Daniel H. *When – The Scientific Secrets of Perfect Timing*. New York: Riverhead Books, 2018.

Plummer, Henry. *The Architecture of Natural Light*. New York: The Monacelli Press, 2009.

Poirier, Jean. *Histórias de Vida – Teoria e Prática*. Lisboa: Celta Editora, 1995.

Ricard, Matthieu. *Happiness A Guide to Developing Life s Most Important Skill*. Boston: Little, Brown and Company, 2007.

Ries, Eric. The Lean Startup: How Today's Entrepreneurs Use Continuous Innovation to Create Radically Successful Businesses. New York: Crown Publishing Group, 2011.

Robbins, Anthony. *Awaken the Giant Within: How to Take Immediate Control of Your Mental, Emotional, Physical & Financial Destiny!*. New York: Free Press, 2003.

Robbins, Anthony. *Unlimited Power*. New York: Free Press, 1986.

Schmidt, Eric Rosenberg, Jonathan. *How Google Works*. London: John Murray, 2015.

Seligman, Martin E. P. *Authentic Happiness: Using the New Positive Psychology to Realize Your Potential for Lasting Fulfillment*. New York: Free Press, 2002.

Seligman, Martin E. P. *Learned optimism – How to change your mind and you live*. New York: Vintage Books, 2006.

Sidhu, Inder. *The Digital Revolution: How Connected Digital Innovations Are Transforming Your Industry, Company & Career*. New Jersey: Pearson FT Press, 2015.

Sierra, Kathy. *Badass: Making Users Awesome*. O'Reilly Media: Sebastopol, 2015;

Sinek, Simon. *Start With Why – How Great Leaders Inspire Everyone to Take Action*. New York: The Penguin Group, 2009.

Singh, Simon. *Fermat's Last Theorem*. New York: HarpperCollins, 2002.

Singh, Simon. *The Simpsons and Their Mathematical Secrets*. New York: Bloomsbury, 2013.

Thier, Karin. *Storytelling in Organizations: A Narrative Approach to Change, Brand, Project and Knowledge Management (Management for Professionals)*. Berlin: Springer, 2018.

Tracy, Brian. *Million Dollar Habits: Proven Power Practices to Double and Triple Your Income*. S. l.: Entrepreneur House Productions, 2004.

Treisman, Anne (ed.). *Attention, Space and Action: Studies in Cognitive Neuroscience*. Oxford: Oxford University Press, 1999.

Treisman, Anne. *Visual Perception and Memory of Objects*. PN Books: 1995.

Vargas, Ricardo. *A arte de tornar-se inútil*. Lisboa: Gradiva, 2004.

Warren Hickey, Samuel, «Improving the estimation of platform wait time at the London Underground», Massachusetts Institute of Technology, June, 2011.

Work Happy the Goole Way (2008).